Mehr Selbstbewusstsein jetzt:

Wie Kinder Schüchternheit, Nervosität und Angst überwinden. Selbstvertrauen aufbauen. Selbstwertgefühl stärken. Selbstakzeptanz steigern.

Toni Junker

Publisher: Kuulk Publishing

1.Auflage 2017

ISBN: 1975951794

ISBN-13: 978-1975951795

Inhaltsverzeichnis

Kapitel 1

Einleitung

Stark, selbstsicher, sozial und dennoch selbstbewusst – so wünschen sich sicher alle Eltern ihre Kinder. Eine Vielzahl von Erziehungsratgebern erklärt, wie Sie in Ihrer Position als Elternteil, Bezugsperson oder Betreuer dazu beitragen, dass aus einem Kind ein solcher Erwachsener wird. Doch in der Regel funktionieren Kinder nie so, wie es in Konzepten und Modellen vorgesehen ist. Streitigkeiten und Missverständnisse entstehen oft ganz unbemerkt und nebenbei, kleine Alltagsaufgaben führen plötzlich zu Konflikten und eine offenbar grundlose Handlung des Kindes lässt die Erwachsenen an allem Erlernten zweifeln.

Machen Sie sich zunächst einmal bewusst, wie viele neue Erfahrungen, Erlebnisse und Entwicklungsschritte ein Kinderleben beinhaltet. All die Dinge, die auf diesen kleinen Menschen einströmen, überfordern diesen hin und wieder etwas. In diesem Buch erfahren Sie viel darüber, wie sich ein Kind seit seiner Geburt entwickelt, wie es seine Umwelt verarbeitet, welche Reize es aufnimmt und sich damit mehr und mehr zu einer eigenen Persönlichkeit entwickelt. Je besser Sie diese Prozesse kennen und verstehen, desto sicherer werden Sie im Umgang mit Ihrem Kind oder Ihrer zu betreuenden Kindergruppe und können Ihr eigenes Verhalten anpassen. Diese Themen werden in den ersten drei Kapiteln behandelt.

Die Grundaussage dieses Buches lässt sich wie folgt zusammenfassen: Sie als Erwachsener übernehmen in der Beziehung zum Kind natürlicherweise die führende Rolle und bestimmten mit Ihrem Handeln maßgeblich darüber, wie sich das Kind verhält. Sie sind für Lob und Kritik verantwortlich, helfen dem Kind bei der Integration in soziale Gruppen und greifen ein, wenn es zu Problemen wie

Mobbing kommt. Dazu ist es notwendig, dass Sie konsequent die Rolle des Erwachsenen ausfüllen und ein gesundes Verhältnis zum Kind aufrechterhalten. Das heißt, dass das Kind kein gleichberechtigter Partner ist, sich aber in einem demokratischen Miteinander an der Gestaltung ihrer Beziehung beteiligt. Diese Punkte werden in den Kapiteln 4 – 6 ausführlich behandelt. Ferner erhalten Sie zahlreiche Tipps, was Sie im alltäglichen Miteinander beachten können, wie Sie Konflikte erkennen und bewältigen und dem Kind dabei helfen, den Umgang mit Emotionen zu erlernen. Gleichzeitig ist die Arbeit mit Ihrem Kind oder anderen Kindern immer auch eine Arbeit an Ihnen selbst. Mithilfe dieses Buches werden Sie sich auch Ihrer eigenen Haltung und Werte bewusst und zur kritischen Reflexion Ihres Verhaltens angehalten.

Im dritten Teil des Buches finden Sie noch einmal Hinweise, Übungen und Anleitungen, um das Selbstbewusstsein des Kindes zu stärken. Was erwartet Sie in diesen Kapiteln? Wertschätzendes Kommunizieren, das Fördern von Entdeckungsdrang und Leistungswillen, der Umgang mit Gefühlen und Enttäuschungen und das stärkende Miteinander sind nur einige Punkte, die für den Aufbau von Selbstvertrauen und Selbstsicherheit wichtig sind. Während im Kindesalter vor allem Hilfe und Ermutigung nötig sind, ändern sich die Bedürfnisse mit dem Beginn der Teenager-Zeit. Mit den Tipps aus dem neunten Kapitel gelingt Ihnen gemeinsam mit dem Kind auch diese Phase so, dass sie nicht den Kontakt zueinander verlieren.

Dieser Ratgeber begleitet Sie mit altersgerechten Handlungsempfehlungen und Hinweisen durch die Entwicklung Ihres Kindes oder einer Kindergruppe. Sie übernehmen die leitende Rolle und bauen in Ihrer Position als Erwachsener eine demokratische Beziehung zu dem Kind bzw. den Kindern auf, die eine gute Entwicklung der kindlichen Persönlichkeit fördert.

Kapitel 2

Die Entwicklung der kindlichen Persönlichkeit

Erst im Laufe seiner Entwicklung lernt ein Kind, dass es sich von anderen unterscheidet. Dieser Prozess beginnt nach der Geburt und nimmt einige Jahre in Anspruch. Sie können Ihr Baby oder Kleinkind am besten unterstützen, wenn Sie um die unterschiedlichen Phasen dieser Entwicklung wissen und bei Bedarf unterstützende Maßnahmen ergreifen.

Die Abgrenzung der eigenen Person

Nachdem ein Baby zur Welt gekommen ist, nimmt es langsam die körperliche Trennung von der Mutter wahr. Es empfindet zu Beginn seines Lebens selbstverständlich schon Schmerz oder Freude, kann diese Empfindungen allerdings noch nicht mit sich selbst als Person verknüpfen. Es obliegt der elterlichen Fürsorge, die frühen Bedürfnisse des Kindes zu befriedigen. Das bedeutet lediglich, dass man ihm das Gefühl der Zugehörigkeit vermittelt, auf Freude und Leid reagiert und auch Einsamkeitsgefühle wahrnimmt. Intensive körperliche sowie verbale Kommunikation helfen dem Baby dabei, seine Empfindungen zu verarbeiten. Nimmt die Intensität des Körperkontaktes langsam ab, kommt der Kommunikation über Worte, Töne, Mimik und Gestik eine umso größere Bedeutung zu. Das Kind erkennt, dass andere Menschen mit ihm interagieren und erlebt sich selbst zunächst nur im Spiegel dieser Personen. Das heißt, dass sich ein Baby oder Kleinkind nur dann selbst erleben kann, wenn es in eine soziale Gruppe eingebunden ist. Die soziale Interaktion wird immer wieder benötigt, wobei die geeigneten Kommunikationsformen natürlich vom Alter und dem Entwicklungsstand des Kindes abhängig. Verwehrt man diese Interaktion, bleiben die emotionalen Bedürfnisse des Kindes unbefriedigt und es fühlt sich seinen Empfindungen ausgeliefert. Darauf reagiert es mit der Kommunikationsform, die es altersgemäß beherrscht: schreien und weinen. Wird ein Baby oder ein Kleinkind ausschließlich im Wagen transportiert, bleiben seine Grundbedürfnisse stets unvollständig befriedigt. Im besten Fall besteht noch Sichtkontakt und die Eltern sprechen mit dem Kind, es ist jedoch körperlich allein. In einigen Fällen bleiben aufgrund der Beschaffenheit des Wagens auch diese Kontaktformen weitgehend aus und das Kind ist auf sich allein gestellt. Wird ein Baby vor allem im ersten Lebensjahr vorwiegend getragen, ist zumindest die körperliche Nähe sichergestellt. Herzschlag, Atmung und körperliche Reaktionen des Tragenden ermöglichen dem Baby ein intensives Gefühl von Geborgenheit. Auf dieser Basis können äußere Einflüsse viel besser verarbeitet werden und das Baby bleibt insgesamt ruhiger. Die körperliche Selbsterfahrung kann zum Beispiel unterstützt werden, indem man das Baby in ein Tuch wickelt. Das sogenannte Pucken sorgt dafür, dass das Kind seine eigenen Grenzen besser erfahren kann. Was bedeutet das? Indem ein Baby still im Wagen oder im Bett liegt, fühlt es kaum eine Angrenzung zu seiner Umwelt. Das Schaukeln im Wagen oder die optischen Reize durch Spielzeug bieten nur einen rudimentären Ersatz für die unmittelbaren körperlichen Erfahrungen. Durch die eigenen Bewegungen nimmt das Baby wahr, dass es an Grenzen stößt und erfährt unmittelbar Rückmeldung auf das eigene Tun. Es macht erste unmittelbare und sinnliche Erfahrungen. Darüber hinaus eignet sich das Einwickeln in ein Tuch auch als Methode zur Beruhigung, da es den Säugling an die Situation vor der Geburt erinnern kann. Je weiter die Entwicklung zum Kleinkind voranschreitet, desto wichtiger werden andere Formen der Angrenzung. Neben der verbalen Kommunikation und der elterlichen Reaktion auf das, was das Kind äußert, gehört auch weiterhin das körperliche Erleben zum Alltag. Spiel und Bewegung bieten dem Kind unterschiedliche Reize und ermöglichen ihm das Kennenlernen der eigenen Kraft, Größe und Fähigkeiten. Neben den Eltern und Geschwistern treten auch mehr und mehr andere Personen in das Leben des Kindes. Es lernt deren Eigenheiten und Handlungen kennen und erlebt auch hier einen Unterschied zu sich selbst. Hinzu kommt die Erfahrung, dass andere Menschen unter Umständen anders auf etwas reagieren als es das Kind bislang kennt. Das soziale Umfeld des Kindes wird noch einmal größer, sobald es eine Kindertagesstätte besucht. Um dort Vertrauen zu entwickeln, gehört das Tragen durch die Betreuer häufig dazu. Zusammenfassend lässt sich sagen, dass Kinder im Laufe ihrer ersten Lebensjahre im Groben zwei Phasen erleben: Sie entdecken sich selbst durch körperliche Interaktion und nehmen sich als Lebewesen in der Welt wahr, bevor sie auch ihre eigenen Handlungsspielräume erkennen. Dies geschieht wiederum dann, wenn die Grundbedürfnisse nach Nähe und Geborgenheit erfüllt sind und soziale Interaktionen hinzukommen. Ausgehend von den körperlich-sinnlichen Erfahrungen der Anfangsphase werden selbst gesteuerte Handlungen immer wichtiger und ermöglichen es dem Kind, verschiedene Facetten des Seins zu erleben. Das Kind wird sich mehr und mehr seiner selbst im Unterschied zu seiner Umwelt und zu anderen Menschen bewusst.

Die kindliche Wahrnehmung

Ein Kind lernt die Welt in kleinen Schritten kennen und verstehen und jede noch so unbedeutende Erfahrung hilft ihm dabei. Ein enger Kontakt zu Eltern und Bezugspersonen sorgt dafür, dass all die Eindrücke gut verarbeitet werden können und das Kind nicht verängstigt oder überfordert wird. Auch eine Überflutung mit Reizen ist kontraproduktiv für die Entwicklung der Wahrnehmung. Das Kind benötigt vor allem Zeit und Freiraum, um ungestört Entdeckungen zu machen und seine Fähigkeiten kennenzulernen. Was geschieht, wenn es etwas berührt, verschiebt, drückt oder wirft? Kinder nehmen ihre Umwelt mit allen Sinnen wahr und können dabei mit einfachen Mitteln wirksam unterstützt werden. Eine Welt, die vor allem aus elektronischem Spielzeug und elektronischer Unterhaltung besteht, ist vor allem eines: reizarm. Kinder sehen und hören zwar etwas, können es aber nicht mit den Händen ertasten, daran riechen oder etwas schmecken. Im Folgenden stellen wir Ihnen fünf Vorschläge für kleine Übungen und Spiele vor, mit denen Sie alle Sinne des Kindes ansprechen können.

1. Lebensmittel kennenlernen

Jedes Kind beginnt früher oder später damit, feste Nahrung zu sich zu nehmen. Viele Lebensmittel eignen sich auch für Kleinkinder und können problemlos verzehrt werden. Worin unterscheiden sich zum Beispiel verschiedene Obst- und Gemüsesorten? Wie riecht und schmeckt eine Tomate? Erkennen wir ein Lebensmittel, wenn wir es nicht sehen oder berühren können? Können wir Speisen am Geruch unterscheiden? Indem Sie bei sich selbst und bei Ihrem Kind bestimmte Wahrnehmungsmöglichkeiten unterbinden, stimulieren Sie andere Sinne. Verbinden Sie sich abwechselnd die Augen und lassen Sie sich vom anderen etwas zu essen geben, lassen Sie Ihr Kind Unterschiede in Farbe und Konsistenz benennen, lassen Sie es Obst und Gemüse nach Farbe sortieren oder ähnliches. Essen kann ein ungemein sinnliches Erlebnis sein, wenn Sie sich gemeinsam darauf einlassen.

2. Fördern Sie Körperkontakt

Kinder berühren sich üblicherweise gern und häufig selbst, da sie ihren Körper erst einmal in all seinen Facetten kennenlernen möchten. Und auch wenn Ihnen etwas schmerzhaft oder unpassend erscheint: Das Kind ist lediglich auf der Suche nach neuen Erfahrungen und Grenzen. Ebenso wichtig ist jedoch auch der physische Kontakt mit anderen Menschen. Kinder sollen sich selbstverständlich nicht gegenseitig schlagen oder treten, doch auch diese Bewegungen wollen entdeckt werden. Eingreifen sollten Sie allerdings spätestens dann, wenn die Spielgefährten Unbehagen oder Schmerz äußern. Weisen Sie Ihr Kind darauf hin und teilen Sie ihm mit, warum jedes Spiel seine Grenzen hat. Darüber hinaus ist sanfter Körperkontakt eine schöne Möglichkeit, sich kennenzulernen. Streicheln oder kitzeln eignen sich sehr gut, auch Berührungen mit Stoffen, Federn oder anderen Materialien stimulieren die Sinne. Und wie fühlt es sich wohl an, wenn man eine Katze oder einen Hund berührt?

3. Werfen und springen

Körperliche Aktivitäten und das Spielen im Freien sind sehr gut dafür geeignet, die eigenen Fähigkeiten kennenzulernen. Doch auch wenn kein Spielplatz oder Wald in der Nähe ist, lassen sich mit einfachen Mitteln interessante Aufgaben schaffen. Wie weit fliegen zum Beispiel kleine Stoffbälle oder verknotete Socken? Mit welcher Kraft muss das Kind werfen, um den Wäschekorb zu treffen oder eine bestimmte Linie zu übertreffen? Aus Kleidungsstücken, Bändern oder ähnlichem lassen sich auch leicht kleine Hindernisse bauen, sie sich zum Überspringen eignen. Legen Sie zum Beispiel mehrere Dinge übereinander oder hintereinander, bauen Sie einen kleinen Parcours für Ihr Kind und lassen Sie es entdecken, wie es am besten über ein Hindernis aus Kleidungsstücken kommt, auf dem Handtuch landet oder rechtzeitig vor der Linie aus Socken stoppt.

4. Kisten und Taschen

Legen Sie verschiedene Dinge in einen Stoffbeutel. Taschentücher, Schlüssel, Brillenetuis, Stifte, beliebige Gegenstände – ein bestimmtes soll Ihr Kind nun suchen, ohne die Dinge zu sehen. Alternativ können Sie es einfach ertasten lassen, ob es Gegenstände erkennt und benennen kann. Natürlich können Sie auch Haarspangen, Knöpfe, Klammern und ähnliches in eine Kiste geben und das Kind einen bestimmten und gut zu unterscheidenden Gegenstand suchen lassen. Abhängig vom Alter des Kindes sollten die zu durchwühlenden Dinge selbstverständlich nicht zu klein sein, sodass es nichts verschlucken oder sich verletzen kann. Vielleicht sucht Ihr Kleinkind auch lieber eine Zwiebel unter vielen Kartoffeln oder einen Pfirsich zwischen Äpfeln?

5. Ruhe für Umgebungsgeräusche

Die meiste Zeit befinden wir uns unter einem Klangteppich. Der Fernseher, das Radio, die Mitmenschen oder die elektronischen Spielzeuge sorgen dafür, dass es nie ganz still wird. Natürliche Geräusche treten dabei natürlich in den Hintergrund. Dabei finden Sie immer wieder Möglichkeiten, die akustische Wahrnehmung Ihres Kindes zu trainieren. Was hören Sie alles auf einem Spaziergang? Rauscht der Wind, zwitschern Vögel, raschelt Laub, knirscht Erde oder Kies unter Ihren Füßen? Sind Autos oder Sirenen zu hören? Unterhalten sich irgendwo Menschen oder bellt ein Hund? Sie benötigen lediglich etwas Zeit, um sich gemeinsam auf das Hören zu konzentrieren. Nennen Sie beispielsweise abwechselnd mit Ihrem Kind etwas, das Sie wahrnehmen. Klingt jeder Ort und jede Umgebung anders?

Damit ein Kind sich selbst wahrnehmen kann, muss es auch seine Umwelt wahrnehmen können. Je besser die Sinne geschult sind, desto leichter fällt das Unterscheiden zwischen verschiedenen Dingen. Lassen Sie Ihr Kind auch immer wieder beschreiben, was es ertastet, sieht, schmeckt oder riecht. Kinder beschreiben ihre Welt auch dadurch, dass sie malen, basteln und in verschiedenen Formen kreativ sind. Malen Sie zum Beispiel gemeinsam das, was Sie in einer beliebigen Situation wahrnehmen können. Welche Details können Sie hinzufügen, indem Sie gezielt hören oder beobachten? Welche Dinge könnte Ihr Kind also in sein Bild integrieren? Auf all diesen Wegen lernen Kinder die Welt besser kennen und entwickeln Strategien, um all die Reize und Eindrücke der verschiedenen Umgebungen zu verarbeiten. Sie selbst als Erwachsener können Kindern die Welt nicht erklären und ihnen Definitionen an die Hand geben. Kinder erleben die Welt mit ihrer Fantasie und Vorstellungskraft, da sie noch nicht über die entsprechenden Worte verfügen. Dennoch sollten Sie als Ansprechpartner verfügbar sein und einem Kind zuhören, wenn es etwas erklären, erzählen oder erfragen möchte. Ein gutes Sozialverhalten lernen Kinder schließlich vor allem dann, wenn Sie es von Eltern und anderen Erwachsenen vorgelebt bekommen. Ist der Umgang durch Respekt, Rücksichtnahme, Freundlichkeit und Hilfsangebote gekennzeichnet, profitieren alle Beteiligten davon.

Die Trotzphase als wichtigen Entwicklungsschritt verstehen

Im Alter von zwei bis drei Jahren durchlebt nahezu jedes Kind die sogenannte Trotzphase. Es tritt nun in Opposition zu Eltern und Betreuern und erlebt, dass seine Bedürfnisse einen Platz in der Welt haben. Gleichzeitig entwickelt sich das Kind in wichtigen Bereichen deutlich weiter. Es differenziert nun besser zwischen seinen eigenen Wünschen und möchte selbst erste Entscheidungen treffen. Da Kinder in diesem Alter auch zunehmend mobiler werden und Neues entdecken wollen, nimmt die Selbstständigkeit immer weiter zu. Diesen ganz natürlichen Drang möchte ein

Kind natürlich ausleben und ist dabei noch längst nicht so rational gesteuert, wie es Erwachsene gern hätten. Lautstarker Protest entsteht nun vor allem dann, wenn Kinder ihren Drang zu entdecken nicht impulsiv ausleben können. Sie wissen, was sie wollen – aber sie verstehen nicht, dass die Menschen in ihrer Umwelt oft etwas ganz anderes wollen. Stellen Sie sich vor, dass die Umwelt der Dinge Ihr Kind regelrecht dazu auffordert, auf Entdeckungsreise zu gehen. Ihr Kind folgt diesem Ruf und erfährt, dass Sie ihm Grenzen setzen. Wie sollte es anders reagieren als mit Trotz? Es ist wütend, da es in seinem ganz natürlichen Drang gebremst wird. Dass Betreuer und Angehörige enttäuscht reagieren, wenn sich das Kind auf Dauer uneinsichtig zeigt, ist verständlich. Doch kein Kind möchte mit Absicht seine Mitmenschen enttäuschen oder provozieren. Es ist lediglich zu keiner anderen Reaktion fähig. Orientierung bieten in erster Linie die Eltern, die mit ihrem Verhalten die wichtigsten Vorbilder sind. Ein fester Rhythmus und Rituale sind die besten Voraussetzungen, um dem Kind auch in dieser anstrengenden Entwicklungsphase verlässlich zur Seite stehen zu können. Es gilt: Je strukturierter und verlässlicher Ihr Kind seinen Alltag erlebt, desto weniger Vorschriften und Regeln benötigen Sie. Feste Strukturen bieten Orientierung und helfen dem Kind, das Leben als weniger stressig zu empfinden, die Reizverarbeitung funktioniert besser und Sie können es in vielen Situationen an Ihrem Leben teilhaben lassen. Im Laufe des vierten Lebensjahres lässt der kindliche Trotz in der Regel wieder nach. Das Kind hat nun gelernt, welche Grenzen und Regeln es einzuhalten gilt. Das setzt jedoch auch voraus, dass Sie als Elternteil oder Betreuer stets darauf bedacht waren, für das Kind verlässlich zu sein. Wie sollte ein Kind sich an Strukturen gewöhnen, wenn Sie diese immer wieder ändern?

Selbstbewusstsein statt Selbstverliebtheit

Wie hat sich Ihr Kind bislang entwickelt? Es wurde eigenständiger, lernte seine eigenen Grenzen und Möglichkeiten kennen, wurde mit seinen eigenen Ansprüchen und den Anforderungen der Umwelt konfrontiert und hat gelernt, dass seine eigenen Interessen durchaus ihre Berechtigung haben, aber nicht immer mit denen der Mitmenschen vereinbar sind. Kurzum: Das Kind wird sich der eigenen Person bewusst und lernt sich in der Welt zurechtzufinden. Welche Eigenschaft empfinden Sie dabei als die Wichtigste? Höflichkeit, Rücksichtnahme und Mut sind sicher Merkmale, denen eine große Bedeutung zukommt. Die entscheidende Eigenschaft ist dennoch das Selbstwertgefühl. Was heißt das? Ein Kind muss wissen und spüren, dass es etwas Besonderes ist, von den Eltern geliebt wird und sich nicht hinter anderen verstecken muss. Allerdings ist es ganz normal, dass sich Kinder miteinander vergleichen und natürlich als Gewinner hervorgehen wollen. Fertigkeiten, Wissen, Können, Besitz und auch das Aussehen sind in den ersten zehn bis zwölf Lebensjahren Faktoren, an denen Kinder sich messen. Was für Eltern nach Gehässigkeit und Bösartigkeit aussieht, ist zunächst einmal nichts Unübliches. Natürlich helfen Verhaltensregeln und eine entsprechende Wortwahl dabei, andere vor seelischen Verletzungen bestmöglich zu schützen. Doch Schimpfworte gehören zum kindlichen Alltag nun einmal dazu. Kinder reagieren äußerst sensibel auf jede Rückmeldung aus ihrer Umwelt. Wer hört nicht gern, dass er etwas gut kann und gut gemacht hat? Lob ist für die Entwicklung ungemein wichtig. Entgegen vieler Vorurteile führt das ehrliche Loben auch nicht dazu, dass sich ein Kind zum selbstverliebten Tyrann entwickelt. Wirken die positiven Reaktionen aus der Familie und dem Freundeskreis stark genug, wird das Selbstwertgefühl des Kindes davon nur profitieren. Es gilt: Loben Sie situationsbezogen und für das Kind nachvollziehbar. Superlative helfen niemandem weiter. Wenn ein Kind weiß, was es gut kann, dann muss es die

Bestätigung nicht immer wieder von anderen einfordern. Ein gestörtes Selbstwertgefühl erkennt man sowohl bei Kindern als auch bei Erwachsenen zum Beispiel daran, dass Mitmenschen immer wieder erniedrigt werden, sodass man selbst besser erscheint. Erst mit Beginn des Teenager-Alters lernen Kinder, sowohl die Stärken als auch die Schwächen bei sich selbst besser einzuschätzen. Es kommen neue Facetten der Persönlichkeit hinzu und vieles verändert sich in den nächsten Jahren beabsichtigt oder auch unbewusst. Sind Kinder bis zum Beginn dieser Phase schon mit einem starken Selbstbewusstsein und einem stabilen Selbstwertgefühl ausgestattet, wird so manche kritische Phase leichter und viele Probleme lassen sich besser bewältigen. Mehr zu diesem Thema finden Sie im neunten Kapitel dieses Buches. Zuvor soll es jedoch noch einmal darum gehen, wie Sie das Selbstwertgefühl bereits im Kindesalter positiv beeinflussen können.

1. Am Anfang stehen starke Eltern

Kinder haben eigene Ansichten und Vorstellungen davon, wie etwas funktioniert. Starke Eltern sind in der Lage, diese kindlichen Sichtweisen anzuerkennen und ihnen Raum zu geben. Das heißt, sie hören ihren Kindern zu und geben ihnen eine Rückmeldung. Sie nehmen das Kind ernst und zeigen ihm, dass sie es als eigene Person respektieren. Das heißt selbstverständlich nicht, dass Sie sich nach der Meinung Ihres Kindes richten sollen und ihm die Verantwortung für alle Entscheidungen überlassen. Die Regeln geben Sie vor.

2. Kontakte in alle Altersklassen

Als Eltern werden Sie häufig mit anderen Eltern zu tun haben, deren Kinder etwa im selben Alter sind wie Ihr eigenes. Für die kindliche Entwicklung ist dies natürlich von Vorteil. Doch Kinder profitieren auch sehr vom Umgang mit älteren Menschen. In den meisten Fällen sind dies erst einmal die eigenen Großeltern. Es kann sich jedoch auch um Bekannte oder Nachbarn handeln. Einerseits ist es meist so, dass gerade Großeltern viel Zeit für das Kind aufwenden, sich ihm zuwenden und es frei erzählen lassen. Gleichzeitig sind sie oft nachsichtiger in Bezug auf die kindlichen Meinungen. Andererseits erleben Kinder in diesem Kontext andere Wertvorstellungen als zu Hause oder unter Gleichaltrigen.

3. Optimistisch bleiben

Natürlich gibt es viele Probleme auf der Welt und früher oder später werden Kinder einen Teil davon kennenlernen, doch eine positive Haltung der Eltern stärkt die Kleinsten hier ungemein. Kinder werden mutiger und zuversichtlicher, wenn man ihnen positive Aussichten vermittelt. Wer sich aus Überzeugung dafür einsetzt, dass die eigene Lebenswelt besser wird, stärkt sein Kind. Denn wie sollte jemand Selbstbewusstsein und Selbstwert entwickeln, wenn er stets von Pessimisten umgeben ist?

4. Die Phasen als Außenseiter

Viele Kinder haben einen Freundeskreis, der im Laufe der Zeit mehr oder weniger stabil bleibt. Je mehr eigene Interessen Kinder entwickeln, desto stärker verändern sich auch die verschiedenen Gruppen, in denen sie sich bewegen. Wer jedoch in seinem Freundeskreis immer derjenige ist, der im Mittelpunkt steht, profitiert davon nicht zwangsläufig. Im Gegenteil: Sich abgrenzen und hin und wieder Außenseiter sein stärkt das kindliche Selbstbewusstsein viel mehr. Ermutigen Sie das Kind ruhig dazu, zu seinen Ecken und Kanten zu stehen und Hobbys auch dann weiter zu verfolgen, wenn die bisherigen Freunde diese nicht teilen. Zieht sich Ihr Kind gern zurück und beschäftigt sich mit eigenen Dingen, dann ist dieses Verhalten kein Grund zur Panik. Zur Selbsterfahrung gehören diese ruhigen Phasen bei vielen Kindern einfach dazu.

5. Zwischen Lob und Kritik

Komplexe Situationen überfordern Kinder erst einmal. Wenn etwas gut gelungen ist, freuen sie sich darüber. Ist etwas misslungen, ärgern sie sich. Sie helfen dem Kind in beiden Phasen am besten, wenn Sie die gesamte Situation noch einmal besprechen. Misserfolge werden in kleine Schritte unterteilt. Welche davon waren dennoch erfolgreich? Es ist wichtig, dass Kritiken positiv formuliert und bzw. oder mit etwas Positivem verknüpft werden. Kommt es noch einmal zu solch einer Situation, handelt das Kind im besten Fall an der richtigen Stelle anders. Wird die gesamte Situation jedoch kritisiert, wird es diese später vielleicht meiden. Ein kleiner Streit mit einem Freund ist nichts Schlimmes, es stehen sich lediglich zwei Meinungen gegenüber. Besprechen Sie diese Sache mit dem Kind und zeigen Sie ihm Lösungsvorschläge. Indem Sie ihm allerdings Vorwürfe machen, signalisieren Sie: Wenn du dich nicht angepasst verhältst, wendet sich dein Freund von dir ab und ich bin dir auch böse. Die Konsequenz ist ein Kind, das sich unterordnet, anpasst und wenig selbstbewusst ist.

6. Dinge selbst in die Hand nehmen

Entdecken, ausprobieren, selbst machen – der kindliche Drang ist schier grenzenlos. Das heißt auch, dass Kinder in der Regel nicht motiviert werden müssen, sondern sich ausleben wollen. Die Frage für Eltern und Betreuer lautet: Wie können Situationen geschaffen werden, in denen das Kind diesen Drang ausleben kann? Selbstbestimmtes Handeln und eigene kleine Entscheidungen stärken das Selbstwertgefühl ungemein.

7. Handeln hat Konsequenzen

Wer sich unwichtig fühlt, verhält sich unsozialer. Wer hingegen erlebt, dass sein Handeln Konsequenzen hat, ist empathischer und rücksichtsvoller. Ziehen Sie mit dem Kind zum Beispiel Bilanz, wenn etwas abgeschlossen ist. Sie haben gemeinsam das Zimmer aufgeräumt? Also haben Sie gemeinsam einen schönen Raum geschaffen. Kinder können in vielen Alltagssituationen unmittelbar Einfluss darauf nehmen, dass ihre Umwelt besser wird. Lassen Sie es alle Schuhe gerade nebeneinander stellen, den Tisch decken oder die Kissen auf der Couch sortieren. Jedes Kind genießt das Gefühl, wenn es selbst etwas tun kann.

Ein Kind lernt, indem es etwas erlebt und seinen eigenen Erfahrungsraum erweitert. Sie unterstützen es optimal, wenn Sie all die Erlebnisse und Handlungen später noch einmal besprechen. So können Sie zum Beispiel ein Ritual beim Essen oder auf dem Weg nach Hause etablieren: Lassen Sie das Kind erzählen und von all dem berichten, was am Tag geschehen ist. Auf diese Weise vermitteln Sie ihm, dass Sie es als eigene Person anerkennen und sehen, dass diese kleine Person ein eigenes Leben führt, das Verantwortung und Konsequenzen beinhaltet. Kinder fühlen sich somit nicht fremdgesteuert, sondern werden sich ihrer Position in der Welt bewusst

Kapitel 3

Partizipation und Selbsterfahrung

In den ersten Lebensjahren eines Kindes können Sie als Elternteil, Angehöriger, Freund oder Betreuer gut beobachten, wie sich der Charakter dieses kleinen Menschen entwickelt. Jedes Kind hat eigene Vorlieben und Interessen, verhält sich auf seine ganz eigene Art und Weise und probiert aus, wie es sich am besten in einer Gemeinschaft aus Gleichaltrigen oder Erwachsenen verhält.

Kinder sind soziale Wesen

Seit nunmehr Jahrzehnten gilt es als erwiesen, dass Kinder von Geburt an keine tyrannischen und triebgesteuerten Lebewesen sind. In den 1960er und 1970er Jahren erlangten die Sozialwissenschaften, die Verhaltenspsychologie und die Pädagogik eine immer größere Bedeutung und wir wissen heute, dass die Erziehungsmethoden vor dieser Zeit bei vielen Menschen zu gravierenden psychischen Schäden geführt haben. Bis in die 1960er Jahre hinein galt ein Kind erst dann als sozial, wenn es sich den Ansprüchen der Eltern und Erzieher klaglos beugte. Unterordnung und Unterdrückung waren die üblichen Erziehungskonzepte. Körperliche Züchtigung und Schläge waren durchaus an der Tagesordnung. Man gestand einem Kind nicht zu, dass es nun einmal ganz eigene Bedürfnisse hat, diese auch verspürt und ihnen altersgemäß Ausdruck verleiht. Dem Kind kam in seiner Sozialisation bestenfalls eine passive Rolle zu. Es wurde durch Eltern und Erzieher geformt und den jeweiligen Ansprüchen angepasst. Es wurde ihm nicht zugestanden, dass es Dinge in einer eigenen Geschwindigkeit und auf eine eigene Art und Weise lernt oder erledigt. Heute wissen wir, dass Bezugspersonen zwar sehr wichtig sind und Kinder viel durch Beobachtung sowie Nachahmung lernen. Doch wir wissen auch, dass ein Kind kein leeres Blatt ist, dass nur durch die Erwachsenen in seiner Umgebung beschrieben werden kann. Stattdessen malt das Kind auch selbst mit verschiedenen Farben und Materialien darauf herum und probiert sich aus. Noch einmal: Es wird sich seiner selbst bewusst. Die neuere Beziehungsforschung kommt ferner zu dem Schluss, dass Kinder vom ersten Lebenstag an soziale Wesen sind und sich darum bemühen, soziale Bindungen mit den unmittelbaren Bezugspersonen einzugehen. Es empfängt nicht lediglich passiv die Bemühungen der Eltern und Betreuer, sondern wirkt mit seinem eigenen Verhalten aktiv daran mit. Das Baby erlebt sich mehr und mehr als Wesen, welches in seinem Umfeld offenbar eine eigene Rolle spielt. Und sie nehmen sehr früh wahr, wie auf ihr Verhalten eingegangen wird. Der Umgang der Eltern prägt die Entwicklung des Kindes bereits in der frühesten Lebensphase. Jedes Baby und jedes Kleinkind benötigt soziale Resonanz, um sich psychisch gesund und stabil entwickeln zu können. Die Grundlage dieser sozialen Resonanz lautet: Das Agieren des Kindes ist nicht nur wirksam, sondern es wird auch als wertvoll verstanden. Das heißt, dass die Bezugspersonen dem kindlichen Handeln eine beabsichtigte Wirkung zusprechen. Damit werden letztlich wechselseitige Beziehungen generiert: Der andere erkennt mich an und geht aus diesem Grund auf mich ein. Es ist empirisch inzwischen vielfach bestätigt, dass Kinder grundsätzlich sozial sind und kooperieren wollen. Konflikte entstehen vor allem, weil Erwachsene und Kinder nicht dieselbe Sprache beherrschen. Allerdings sollten Eltern und Betreuer in der Lage sein, auf die Welt des Kindes einzugehen, da nur sie zu diesem Perspektivwechsel in der Lage sind. Kinder werden hingegen zu häufig mit Schuldgefühlen dazu gebracht, sich anzupassen. Sie verstehen zum Beispiel nicht, warum sie etwas tun oder jemandem etwas bringen sollen. Die richtige Begründung wäre: Weil der- oder diejenige sich darüber freut. Das Kind erlebt, dass es mit seinem Handeln bewirken kann, dass es jemandem besser geht. Die falsche Begründung lautet hingegen: Der- oder diejenige ist sonst traurig. Wie soll ein Kind mit dieser Schuld umgehen? Im Sinne des kooperativen Verhaltens wird es tun, was verlangt wird. Gleichzeitig lernt es daraus, dass andere offensichtlich enttäuscht sind, wenn es nicht funktioniert wie gefordert. Anstatt in sozialen Beziehungen positive Gefühle zu suchen, werden fortan durch entsprechendes Verhalten lediglich negative vermieden.

Bis hierhin lässt sich festhalten: Kinder sind zwangsläufig in eine Gemeinschaft eingebunden, da sie alleine nicht lebensfähig sind. Sie suchen aus einem natürlichen Trieb heraus auch die Anerkennung durch diese Gemeinschaft und werden in der Regel fast alles tun, um diese auch zu bekommen. In der Konsequenz heißt das leider auch, dass Kinder in für sie schädlichen sozialen Beziehungen bleiben und unter Umständen ihre eigenen Bedürfnisse verleugnen. Es kommt dann zwangsläufig zu Komplikationen, wenn neue soziale Umfelder entdeckt werden und sich die Umgebung des Kindes fundamental ändert. Ein zentraler Punkt ist hier zum Beispiel der Eintritt in die Schule. Dieses Thema wird in Kapitel 7 dieses Buches jedoch noch einmal gesondert behandelt.

Wenn sich Kinder ihrer Individualität bewusst werden

Jeder Mensch ist individuell und glücklicherweise gilt diese Annahme inzwischen nicht mehr nur für Erwachsene. Die geistige und körperliche Entwicklung verläuft bei jedem Kind anders und auch die Ausprägung eines Charakters ist ein Teil dieses Prozesses. Vorstellungen über gewisse Normen und das Orientieren an Durchschnittswerten schaffen häufig nur neue Sorgen und Probleme. Ein Kind wird dann nicht in seiner Individualität gesehen. Natürlich wissen wir, dass bestimmte Lebensmittel für Kinder ungeeignet sind, einige Spiele noch nicht dem jeweiligen Alter entsprechen und das Fernsehprogramm das Kind vielleicht noch überfordert. Allerdings haben Kinder einen Instinkt dafür, was sie benötigen und können. Was bedeutet das für die Erziehungsarbeit? Wenn ein Kind sich gern sportlich betätigt und körperlich gefordert werden möchte, sollte man ihm das Ausleben dieses Dranges ermöglichen. Ist ein anderes Kind hingegen ruhiger und bevorzugt stille Spiele, dann ist auch dies zu berücksichtigen. Jeder entwickelt seine Kompetenzen auf eine eigene Weise. Sollen hingegen alle auf Bäume klettern sowie auch still in einem Buch blättern können, kommt es zu Misserfolgen und Frustration. Die überzogenen Ansprüche der Eltern kollidieren mit dem individuellen Wesen der Kinder. Sie empfinden es häufig als Schwäche, wenn ihr Kind etwas offensichtlich nicht kann. Dabei ist es viel wichtiger, wenn sie ihnen weiter bei der Arbeit an den Stärken helfen. Vermeintliche Defizite verlieren sich manchmal im Laufe der Entwicklung von selbst, werden durch andere Stärken ausgeglichen oder können durch bestimmte Strategien verarbeitet werden. Kinder werden sich ihrer Individualität dann in einem negativen Kontext bewusst: Ich kann etwas nicht und muss es deswegen noch einmal üben.

Vergleiche werden durch Eltern leider immer noch viel zu häufig gefördert. Dem Kind wird gezeigt, dass es etwas besser kann als andere. Also kann es sich positiv abgrenzen und im schlimmsten Fall auf andere herabsehen. Alternativ wird es selbst erniedrigt, indem ihm gezeigt wird, was es gegenüber anderen noch nicht kann. Aus diesen Zusammenhängen heraus kann unmöglich ein positives Selbstbild entstehen. Bezugspersonen unterschätzen oft, dass sich Kinder ihrer Einzigartigkeit schon sehr früh bewusst werden. Am Ende des zweiten Lebensjahres erkennen sich Kinder selbst im Spiegel und können auch ihren Namen in Bezug auf sich selbst sprechen, sodass die Eigenwahrnehmung hier schon sehr weit ausgeprägt ist. Im dritten Jahr beginnen Kinder auch in der Ich-Form zu sprechen. Wie im zweiten Kapitel bereits beschrieben beginnt in diesem Zeitraum auch die Trotzphase.

Da auch der Wortschatz des Kindes immer weiter zunimmt und es besser versteht, was andere von ihm wollen, nehmen gezielte Gespräche eine immer wichtigere Rolle ein. Sie können Ihrem Kind den Unterschied zwischen ihm selbst, sich und anderen durch liebevolle und kindgerechte Erklärungen ruhig aufzeigen, wenn es die Situation erfordert. Bieten Sie dem Kind in Konfliktsituationen Handlungsmöglichkeiten an, die zu einer Verbesserung führen. Positive Bestätigung und Stimulation sind im Kindesalter enorm wichtig.

Gemeinsam zum Ziel

Kinder sind aktiv, lernbegierig und voller Entdeckungsdrang. Sie können sich dies zu Nutze machen und mit Ihrem Kind oder den Kindern, die Sie betreuen, an der Entwicklung des Selbstbewusstseins und des Selbstwerts arbeiten. Erste Anregungen zur Schulung der Selbstwahrnehmung haben Sie bereits im zweiten Kapitel erhalten. Im Laufe des Buches werden viele weitere Übungen vorgestellt. Spätestens jetzt stellt sich die Frage, inwiefern Kinder in die Entwicklungsarbeit einbezogen werden sollten. Natürlich können Sie eine Aufgabe nicht damit begründen, dass das Kind daraus etwas für sein Selbstwertgefühl lernen soll. Auf diese Art von Verständnis können Sie oft noch nicht einmal bei Erwachsenen hoffen. Das heißt, es obliegt Ihnen als Bezugsperson, die Entwicklung zu beobachten, zu steuern und mit gezielten Maßnahmen zu forcieren. Da in der Regel mehrere Personen an der Erziehung beteiligt sind, ist eine Abstimmung untereinander sinnvoll. Vor allem in der Position als Elternteil legen Sie fest, welche Grenzen und Regeln unmissverständlich für Ihr Kind gelten. Großeltern,

Geschwister und andere Verwandte sollten sich im Sinne des Kindes an diese Grundregeln halten – auch wenn Sie diese unter Umständen nicht gutheißen oder teilen. Je nach Umfeld sind gewisse Ausnahmen zwar kein Problem, aber wer konsequent gegen Sie arbeitet, ist möglicherweise nicht der geeignete Umgang für Sie und Ihr Kind. Unabhängig davon gibt es jedoch einige Tipps, wie Sie eine enge Bindung zum Kind aufbauen und erhalten können, um selbst richtig handeln zu können.

1. Lassen Sie die Gefühle des Kindes zu!

Jeder ist hin und wieder traurig, wütend, schockiert oder ängstlich. Je früher das Kind den Umgang mit diesen Gefühlen lernt, desto besser. Bei späteren Problemen und Krisen fühlt es sich dann weniger hilflos und kann die Situation besser lösen.

2. Sie sind da!

Warmherzigkeit, Zuwendung und Zeit sind das Beste, was einem Kind passieren kann. Auch wenn Ihnen die vermeintlichen Probleme lächerlich oder unwichtig vorkommen, sollten Sie sich dem Kind widmen und zuhören. So können Sie ihm auch am besten bei der Suche nach einer Lösung helfen. Gleichzeitig zeigen Sie ihm, dass Sie es in seiner Welt ernst nehmen.

3. Nutzen Sie Rituale!

Eine Sprechstunde für Sorgen kann zum Beispiel eine gute Möglichkeit sein, um mit dem Kind in Kontakt zu bleiben. Das gilt insbesondere dann, wenn Sie Kindergruppen betreuen oder selbst noch weitere Kinder haben. Scheuen Sie sich nicht davor, gezielt nach Schwierigkeiten, Sorgen oder Ängsten zu fragen. Je nach Alter und Entwicklungsstand können Kinder ihr Dasein bereits recht gut reflektieren oder es auf diese Weise lernen.

4. Unterstützen Sie statt zu bevormunden!

Kinder können viele Dinge noch nicht allein lösen. Sie wissen zwar, dass Sie hier und da in Schwierigkeiten stecken, doch sie kommen leider oft noch nicht allein aus diesen heraus. Eltern neigen häufig dazu, diese Konflikte dann selbst für das Kind zu lösen oder sagen ihm konkret, was es jetzt tun soll. Viel mehr Selbstsicherheit und Eigenständigkeit entwickelt Ihr Kind jedoch, wenn Sie ihm diese Arbeit nicht abnehmen. Sprechen Sie über die Probleme, suchen Sie gemeinsam nach Lösungsvorschlägen und helfen Sie Ihrem Kind dabei, diese dann auch umzusetzen. Natürlich können und sollten Sie bei Konfliktgesprächen anwesend sein und dem Kind moralische Unterstützung bieten. Doch lassen Sie es selbst sprechen und ermutigen Sie es dazu, in der Ich-Form zu sprechen.

5. Loben Sie!

Ein Lob ist Balsam für jede Kinderseele. Und es ist nicht verwerflich, wenn Sie auch kleine und alltägliche Dinge im Leben des Kindes mit einem Lob erwähnen. Bedenken Sie, dass für Kinder jeder noch so kleine Schritt mehr Selbstständigkeit bedeutet. Zudem sind Kinder auch auf Kleinigkeiten schnell sehr stolz und freuen sich, wenn diese auch gesehen werden. Mit Ihren anerkennenden Worten zeigen Sie, dass Sie auch die kleinen Schritte wahrnehmen und sich darüber freuen. Dieses Verhalten führt wiederum dazu, dass Ihr Kind sich in seiner Eigenständigkeit als Person bestätigt fühlt und die eigene Einflusssphäre besser kennenlernt. Das Selbstwertgefühl kann davon nur profitieren.

6. Keine Angst vor Fehlern!

Jeder macht einmal etwas falsch und kann im besten Fall daraus lernen. Kinder müssen den Umgang mit Frust und Enttäuschung früher oder später auch bewältigen. Lassen

Sie zu, dass Ihr Kind Dinge allein macht und ausprobiert und nehmen Sie ihm nicht alles ab, um es vor dem Scheitern zu schützen. Gönnen Sie ihm das Ausprobieren, zeigen Sie ihm eine Lösung und lassen Sie es diese schließlich selbst noch einmal testen.

Selbstwirksamkeit als Schlüssel zum Selbstbewusstsein

Der Begriff Selbstwirksamkeit ist Ihnen in diesem Buch bislang noch nicht begegnet, doch es wurden bereits mehrere Dinge angesprochen, die damit im Zusammenhang stehen. Selbstwirksamkeit bedeutet nichts anderes als dass ein Kind erlebt, dass nach seiner Handlung etwas geschieht. Wenn ein kleines Kind vom Schlafzimmer in die Küche läuft, so hat es diesen Weg selbst bewältigt und kann diesen Erfolg nun genießen. Die Idee wurde aktiv umgesetzt und Ihr Kind hat aus eigener Kraft etwas bewirkt. Ein solches Erfolgserlebnis wird gespeichert. Diese Form der Selbstwahrnehmung ist die Grundlage für nahezu jeden Lernprozess. Bewegung ist die beste Möglichkeit, um einem Kind das Erleben von Selbstwirksamkeit zu ermöglichen. Das vermeintlich ziellose Strampeln, das Liegen im Puck-Tuch, das Entdecken des eigenen Körpers und das Abtasten der Umwelt sind nur einige der Dinge, die dem noch sehr kleinen Kind genau diese Erfahrungen ermöglichen. Später kommen selbstverständlich Laufen, Klettern, Springen oder ähnliches hinzu.

Viele Situationen sind leider so konstruiert, dass Kinder ihre Selbstwirksamkeit nicht erleben können. Stellen Sie sich vor, dass ein kleines Kind auf einen Stuhl gesetzt wird und dort still ausharren soll. Es liegen weder körperliche noch geistige Stimulationen vor. Ein Bilderbuch kann erst einmal Abhilfe schaffen, wird jedoch schnell wieder langweilig. Ein kleines Spielzeug oder ein Gegenstand mit unterschiedlichen Oberflächen kann erneut die Sinne anregen und das Kind beschäftigen. Fehlen derartige Reize, rutscht das Kind auf dem Stuhl hin und her, beginnt zu klettern oder läuft umher. Erwachsene empfinden dieses Verhalten meist als störend. Dabei lebt das Kind lediglich seinen Drang zur Selbstwahrnehmung aus. Es entdeckt sich und seine Welt auf seine individuelle Weise und gestaltet seine momentane Lebenssituation so, dass es davon profitiert. Wir müssen als Erwachsene akzeptieren, dass jedes Kind unterschiedliche Reize benötigt, von anderen Faktoren beeinflusst und angesprochen wird und seine ideale Lernumgebung am besten selbst gestalten kann. Wenn wir ein solches Verhalten als abweichend kennzeichnen und es als Störung wahrnehmen, schränken wir das Kind in seinem Drang nach Erfahrungen ein. Stattdessen weiß das Kind am besten, was es braucht. In der beschriebenen Situation befindet sich das Kind möglicherweise in einer Phase, in der körperliche Eindrücke gerade viel wichtiger sind als das stille Betrachten. Indem Sie diesen Wunsch unterstützen, vermeiden Sie lästige Konflikte. Lassen Sie das Kind aufstehen und sich wieder hinsetzen, zeigen Sie ihm andere Sitzpositionen, setzen Sie es auf Ihre Beine, schaukeln Sie es hin und her – Ihrer Kreativität sind hier keine Grenzen gesetzt und es kommt vornehmlich darauf an, was Ihre Umgebung gerade erlaubt.

Im Übrigen spielen Kinder schlicht um des Spielens willen. Sie wissen selbst intuitiv am besten, was sie aus welcher Spielkonstellation lernen können. Auch Langeweile und nicht verplante Zeit sind ideal, um die eigene Fantasie und das kreative Denken zu schulen. Wenn etwas aus eigenem Antrieb heraus geschieht, ist der Lerneffekt am größten. Wenn Sie es einem Kind ermöglichen, in einer anregenden Umgebung selbstständig, frei und ungesteuert zu spielen, dann kann es die Welt kennenlernen, Dinge nachvollziehen, Zusammenhänge entdecken und Strukturen aufbauen, die ihm in seinem weiteren Leben helfen werden.

Die kindliche Motivation nutzen

Wir wissen bereits, dass kleine Kinder einen nahezu unermüdlichen Entdeckungsdrang haben. Zwar sind der Aktivitätsgrad und das Bedürfnis nach Bewegung bei jedem Kind unterschiedlich, doch das Entdecken findet bekanntlich auf verschiedene Arten statt. Unmotiviert ist ein Kind also nur äußerst selten. Doch was, wenn es partout nichts tun will und an nichts Freude findet? Letzteres wird nur äußerst selten vorkommen und auch das Nichtstun ist eine wichtige Erfahrung für Kinder. All die Eindrücke aus dem täglichen Leben wollen verarbeitet werden und manchmal braucht auch der kleinste und aufgeweckteste Kopf eine Pause. Unmotiviert sind Kinder vor allem dann, wenn sie etwas gezielt lernen oder tun sollen. Die Lernsituation bieten in diesem Fall nicht den Anreiz, den das Kind eigentlich gerade benötigt. Es soll Ziele erreichen, die von außen vorgegeben werden und unter Umständen gar nichts mit dem zu tun haben, was das Kind tatsächlich gerade beschäftigt. Wie sollten Kinder dann positive Emotionen im Zusammenhang mit dem Lernen entwickeln? Leidenschaft und Begeisterung sind hingegen die idealen Voraussetzungen für dauerhafte Motivation und sie helfen dabei, auch lästige Aufgaben zügig zu erledigen. Schließlich warten später wieder Dinge, die interessanter, anregender und wertvoller sind. Wenn Kinder für gute Leistungen in der Schule oder im Kindergarten gelobt werden, dann ist das sicher wichtig. Doch auf Dauer genügt das Loben nachweislich guter Leistungen in den meisten Fällen nicht. Kinder verlieren die Lust am Lernen. Unterstützen können Sie die Motivation hingegen, indem Sie mit Ihrem Kind gemeinsam Träume und Visionen entwickeln oder vielmehr darauf achten, welche Vorstellungen Ihre Tochter oder Ihr Sohn ohnehin hat. Dafür sollten Sie schließlich gemeinsam kämpfen. Worauf könnten Sie mittel- und langfristig hinarbeiten? Bedenken Sie, dass Kinder die Zeit noch anders empfinden als Sie. Mittelfristig kann durchaus das kommende Wochenende meinen. Hausaufgaben sind sowohl am Montag als auch am Donnerstag lästig, wenn der Unterricht keinen Spaß macht. Aber eine erledigte Aufgabe heißt auch, dass das Wochenende näher rückt und möglicherweise haben Sie dafür bereits mit Ihrem Kind einen Plan geschmiedet. Kleine Tiefs im Lernprozess lassen sich auf diese Weise meist schnell beheben. Ein langfristiges Ziel kann je nach Alter des Kindes auch der Schulwechsel oder die spätere Berufslaufbahn sein. Anstatt aber Anforderungen aufzuzählen und zu erklären, welche Noten für welche Ausbildung notwendig sind, sollten Sie Ihrem Kind positive Emotionen vermitteln. Wie wird es sein, wenn es das Ziel erreicht? Was kann es dann bewirken? Und weshalb ist diese Situation dann so schön? Zügeln Sie Ihre Stimme der Vernunft und träumen Sie ruhig mit Ihrem Kind gemeinsam.

Abschließend noch einmal der Hinweis: Reflektieren Sie mit Ihrem Kind oder Ihren zu betreuenden Kindern immer wieder, was sie getan, geschafft und geleistet haben. Verdeutlichen Sie dabei, welche Rolle das Kind dabei gespielt hat und inwiefern es aus eigener Kraft zum Erfolg gelangt ist.

Kapitel 4

Der richtige Umgang mit Lob und Kritik

In den vorherigen Kapiteln wurden Lob und Kritik immer wieder einmal thematisiert. Sie wissen, dass insbesondere das Loben für die Entwicklung von Kindern eine wichtige Rolle spielt. Ferner benötigt jedes Kind unterschiedlich viel Zuspruch und Unterstützung, sodass Sie letztlich immer auch Ihrer Intuition folgen sollten. Im Zweifel gilt jedoch: Lieber ein Lob zu viel als zu wenig. In diesem Kapitel wird es nun darum gehen, verschiedene Konzepte von Lob und Kritik näher zu betrachten.

Autoritär oder anti-autoritär?

Als kennzeichnend für den autoritären Erziehungsstil gilt der sparsame Umgang mit Lob und Anerkennung. Zwar werden an die Kinder viele und zum Teil sehr hohe Ansprüche gestellt, doch das Erfüllen dieser wird bestenfalls neutral und mit sparsamer Zuwendung anerkannt. Es gilt vielmehr als selbstverständlich, dass sich die Kinder den Ansprüchen zu fügen haben. Sie erfüllen also lediglich den Mindeststandard. Aus welchem Grund sollte es diesem Denkmodell zufolge besonderes Lob geben? Dem gegenüber stehen eine Menge Vorurteile über den anti-autoritären Erziehungsstil. Kinder könnten Dinge offensichtlich nach Belieben tun und lassen und werden für jede Kleinigkeit mit überschwänglichem Lob bedacht. Dabei ist „anti-autoritär" mehr ein Kampfbegriff als eine ernsthafte Beschreibung der Kindererziehung. Begriffe wie „demokratisch", „partizipierend" oder „liberal" sind in diesem Zusammenhang angebrachter. An dieser Stelle müssen wir außerdem zwischen zwei Grundrichtungen differenzieren. In der Laissez-faire-Erziehung wird auf jegliche Grenzen verzichtet und die Kinder entfalten sich vollkommen frei. Was nach einem kindlichen Paradies klingt, läuft der Natur des Kindes jedoch zuwider. Wie bereits in den ersten drei Kapiteln dargelegt benötigen Kinder Grenzen und Richtlinien, um sich daran orientieren zu können. Nur durch die Reaktionen der Bezugspersonen und des Umfeldes erleben sie sich selbst und können sich als Person definieren. Werden Kindern lediglich sich selbst überlassen, bleibt die soziale Resonanz aus. Auf Details und spezielle Strömungen soll an dieser Stelle nicht weiter eingegangen werden. Stattdessen wenden wir uns der sogenannten anti-autoritären, demokratischen oder liberalen Erziehung zu. Im Prinzip umfassen diese Ansätze all das, was in diesem Buch bereits beschrieben wurde. Kinder werden als eigenständige Wesen angesehen und es wird ihnen zugestanden, dass sie ihre Entwicklung in einem individuellen Tempo vollziehen. Die Ziele der Erziehung bestehen in der Selbstentdeckung, Selbsterfahrung und ungezwungenen Entfaltung. Gleichwohl legen Eltern und Erzieher bestimmte Grenzen fest, innerhalb derer sich Kinder jedoch so selbstbestimmt wie möglich bewegen können. Kommunikation ist dabei besonders wichtig. Während sowohl im autoritären Stil als auch im Laissez-faire-Stil nahezu gar nicht gelobt wird, ist das Loben in jeder Form der demokratischen Erziehung wichtig. Es erfolgt anlassbezogen und soll vor allem Wertschätzung ausdrücken. Jedes Kind wird in seinen individuellen Entwicklungsschritten bestätigt.

Die Grundlagen der Montessori-Pädagogik in der modernen Erziehung

Die italienische Ärztin und Pädagogin Maria Montessori hat zu Beginn des 20. Jahrhunderts ein Erziehungskonzept erarbeitet, welches die heutige Arbeit mit Kindern nachhaltig geprägt hat. Die Grundannahme der Montessori-Pädagogik lautet: Kinder sind soziale Wesen und möchten sich aus einem natürlichen Trieb heraus in die Gemeinschaft integrieren. Sie gelten als wissbegierig und lernwillig, sofern sie die geeignete Umgebung dafür vorfinden. Wie sieht diese aus? Die Einrichtung ist kindgerecht, die Möbel sind stabil und klar strukturiert, sodass jeder den Zweck schnell erkennt und sie eigenständig bewegen kann. Zudem herrscht eine einfache Ordnung, die dem Kind die Orientierung erleichtert. Alle Gegenstände sind geordnet und übersichtlich, um den Kindern das Benutzen und das Aufräumen zu erleichtern. Im dritten Kapitel haben Sie bereits viel über das Erleben von Selbstwirksamkeit erfahren. Eine an Montessori orientierte Umgebung hat genau diese Selbstwirksamkeit zum Ziel. Die Kinder können alle Gegenstände und Möbel selbst bewegen, haben Zugang zu Spiel- und Lernmaterialien und bewegen sich eigenverantwortlich in dem festgelegten Rahmen. Den Erziehern und Eltern kommt eine besondere Aufgabe zu: Sie ermöglichen den Kindern, etwas selbst zu tun, indem sie die geeigneten Lernräume schaffen. Dem Loben gibt im Montessori-Ansatz eine eigentümliche Bedeutung zu. Sobald Kinder in eine Handlung vertieft sind, würde ein Lob sie unterbrechen und schlimmstenfalls in eine Abhängigkeit führen. Vereinfacht ausgedrückt sucht das Kind dann in seinen Handlungen immer wieder nach dieser Bestätigung und richtet sein Tun bewusst oder unbewusst darauf aus, dass Erzieher oder Eltern es loben. Darüber hinaus ist es natürlich in Ordnung, sich nach Beendigung des Spiels oder der Aufgabe gemeinsam über den Erfolg zu freuen. Inwieweit Sie diesen

Ansatz selbst berücksichtigen, ist natürlich Ihnen überlassen. Viel wichtiger ist es, dass Sie ein Lob auf etwas Konkretes beziehen und sich dem Kind dabei zuwenden.

Warum Loben trotzdem das Gegenteil bewirken kann

Wir möchten, dass unsere Kinder selbstbewusst, sicher und eigenverantwortlich handeln. Für die Entwicklung dieser Fähigkeiten ist positive Bestätigung – Lob und soziale Resonanz meinen nichts anderes – wichtig. Doch auch beim Loben gibt es Gefahren, die Eltern, Betreuer und Verwandte kennen sollen. Denn falsches Loben kann dazu führen, dass das kindliche Selbstbewusstsein beschädigt wird. Die folgenden vier Grundregeln helfen Ihnen dabei, das richtige Lob zur richtigen Zeit auszusprechen.

1. Bemühungen statt Fähigkeiten

Wenn jemand etwas gut kann, freut man sich gemeinsam darüber. Doch das Können allein führt nicht zu Erfolgen. Ein intelligentes Kind erbringt tendenziell einfacher bessere Leistungen, doch hinter einer sehr guten Leistung steht dennoch Mühe. Wer nichts investiert, erreicht nicht die besten Resultate. Loben Sie diese Bemühungen, auch wenn das ideale Ergebnis noch ausbleibt. Werden die Mühen und Anstrengungen anerkannt, ist das Kind eher dazu bereit, noch mehr zu investieren.

2. Druck vermeiden

Während Motivation anspornt, führt Druck zu Selbstzweifeln. Wenn etwas gut gelungen ist, kann es beim nächsten Mal dennoch schiefgehen. „Beim letzten Mal konntest du das doch auch!", wird schnell dahin gesagt und lässt das Kind hilflos zurück. Besser ist: „Wollen wir das noch einmal probieren?" Die Mühe im zweiten Versuch ist doch schon wieder ein Lob wert, oder nicht?

3. Ehrlich bleiben

Es gibt keinen Grund, mit künstlichem Lob das Selbstbewusstsein zu pushen. Ein Kind ist kein Genie und auch sicher nicht der beste Athlet weit und breit. Also reden sie ihm nicht ein, dass es das wäre. Sprechen Sie es besser darauf an, dass es diese komplizierte Aufgabe sehr gut gelöst hat oder gerade sehr weit gesprungen ist. Ein übertriebenes Lob zerstört jedes Selbstbewusstsein, wenn das Kind beim nächsten Mal in einer ähnlichen Situation kläglich scheitert. Es könnte Ihr Lob dann als Lüge erkennen und verlernen, ehrliche Anerkennung zu genießen.

4. Vergleiche vermeiden

Künstlich herangezogene Vergleiche sind Gift für jede Beziehung. Wenn ein anderes Kind etwas bereits kann oder besser beherrscht, dann entwickelt sich dieses schlicht in einer anderen Geschwindigkeit und hat unter Umständen andere Schwachpunkte. Diese kennen Sie meist jedoch nicht. Aus welchem Grund sollte Ihr Kind also hinter einem Freund oder Geschwisterkind zurückstehen? Es ist nicht förderlich, wenn Sie Kinder schon so früh in Konkurrenzkämpfe treiben und damit seine Bindungen belasten.

Konstruktive Kritik bei Kindern

Konstruktiv loben heißt, dass dem Kind der Anlass des Lobes deutlich gemacht wird. Konstruktive Kritik bedeutet nichts anderes als auch den Anlass der Kritik klar zu benennen. Sie kennen diesen Prozess in der Regel auch aus der Arbeitswelt. Das konstruktive Kritisieren avancierte im Laufe der letzten Jahre fast zu einem Trend der innerbetrieblichen Kommunikation. Dabei ist konstruktive Kritik tatsächlich für die Entwicklung eines jeden Menschen hilfreich und sollte durchaus auch bei Kindern eingesetzt werden. Worauf sollten Sie achten?

1. Ist die Kritik gut gemeint, berechtigt oder ein Angriff?

Anders gefragt: Warum möchten Sie in diesem Moment überhaupt Kritik üben? Eigener Frust oder enttäuschte Erwartungen sind keine gute Grundlage für eine Auseinandersetzung mit Ihrem oder anderen Kindern. Ihre Aussagen dürfen nie verletzend, erniedrigend, beleidigend oder beschuldigend sein. Atmen Sie im Zweifel noch einmal tief durch. Emotional aufgeladene Situationen sind keine gute Basis.

2. Wie produktiv ist die Kritik?

Wenn Sie kritisieren möchten, dann nur aus einem Grund: Sie möchten den anderen oder die andere anspornen, etwas zu verbessern. Wenn dies nicht Ihr wahres Ziel ist, sollten Sie in den meisten Fällen lieber schweigen. Überlegen Sie also, ob und wie Ihre Kritik dem Kind weiterhilft. Kritikwürdig ist im Übrigen ausschließlich das Verhalten und nicht die Person.

3. Können Sie einen Vorschlag zur Verbesserung machen?

Gerade bei Kindern ist dieser Punkt besonders wichtig. Wenn es etwas zu kritisieren gibt und dies auch berechtigt ist, dann finden Kinder nicht automatisch selbst eine bessere Alternative. Was könnte das Kind also beim nächsten Mal anders machen? Und was würde sich durch ein anderes Handeln verändern? Schließlich soll die Kritik das Leben des Kritisierten zum Positiven verändern.

4. Sind tatsächlich Sie zur Kritik berechtigt?

Als Pädagoge, Elternteil oder enge Bezugsperson können Sie die Fähigkeiten des Kindes natürlich besser einschätzen. Wenn das Kind Ihnen vertraut und Sie an seinem Leben teilhaben lässt, können Sie auch etwas kritisieren. Andernfalls ist Zurückhaltung angebracht.

5. Wann ist der richtige Zeitpunkt?

Manchmal ist Kritik unmittelbar notwendig und manchmal können Sie zu einem späteren Zeitpunkt ein ruhiges Gespräch suchen. Umso besser, wenn Sie ohnehin feste Gesprächsrituale haben. Sprechen Sie das Kind in jedem Fall gezielt und mit seinem Namen an und benennen Sie die konkrete Situation.

6. Wie können Sie Ihre Kritik positiv beginnen?

Überlegen Sie sich genau, was trotz allem positiv zu bemerken ist. Das Mindeste ist, dass Sie die Mühe erwähnen, die das Kind sicher investiert hat. Zudem schaffen Sie eine Gesprächsatmosphäre, in der sich das Kind besser öffnen kann.

7. In welchem Tonfall sprechen Sie?

Mit einem vorwurfsvollen oder betroffenen Ton vermitteln Sie dem Kind Schuldgefühle. Persönliche Angriffe verbieten sich natürlich von selbst. Sprechen Sie von Ihren eigenen Erfahrungen und tun Sie dies auch in der Ich-Form.

8. Können Sie zur Selbstkritik ermutigen?

Um das Selbstbewusstsein des Kindes weiter zu stärken, können Sie es auch an dieser Stelle noch einmal explizit als eigenständige Persönlichkeit ansprechen. Fragen Sie, ob es selbst Verbesserungsvorschläge machen kann oder wie es mit Ihrer Kritik umgeht.

9. Wie schließen Sie die Kritik ab?

Beziehen Sie sich noch einmal auf etwas Positives, suchen Sie passende Beispiele in der Vergangenheit oder ermutigen Sie das Kind für das nächste Mal. Sorgen Sie für eine gute und entspannte Stimmung am Ende des Gespräches, damit das Vertrauen und die Offenheit nicht verloren gehen.

Kinder können und müssen lernen, mit negativen Gefühlen, Enttäuschungen und Kritik umzugehen. Mit der richtigen Unterstützung gelingt dies in der Regel sehr gut und Sie helfen Ihren Kindern dabei, selbstsichere und widerstandsfähige Erwachsene zu werden.

Kapitel 5

Problemstellungen erkennen

In diesem Kapitel werden Mobbing, emotionaler Missbrauch und familiäre Konflikte thematisiert. Pädagogen und Erzieher sind darin geschult, so etwas zu erkennen und die richtigen Lösungen zu finden. Für Eltern, Geschwister und andere Bezugspersonen ist es meist schwer zu erkennen, wo die Probleme liegen. Und je mehr Sie darüber wissen, desto eher können Sie reagieren und Schwierigkeiten in der kindlichen Entwicklung vermeiden. Entsprechende Tipps und Strategien finden Sie ebenfalls in den folgenden Abschnitten.

Warum sollte jeder etwas über emotionalen Missbrauch wissen?

Diese Frage lässt sich ganz leicht beantworten: Emotionaler Missbrauch ist weitaus häufiger als körperlicher Missbrauch und geschieht zudem oft unbewusst oder ohne böse Absichten. Die Folgen für die betroffenen Kinder sind dennoch gravierend und können große Auswirkungen auf die Entwicklung der kindlichen Persönlichkeit haben. Es ist klar, dass Beleidigungen und verbale Erniedrigungen als Missbrauch gelten können. Eltern und Betreuer beschädigen die Seele des Kindes durch diese Handlungen. Doch eine Herabsetzung kann auch auf andere Weise geschehen. Wenn ein Kind weint, wird es hin und wieder als schwach und wehleidig bezeichnet. Wenn es etwas nicht kann oder sich fürchtet, gilt es als Baby. Wenn es einen Fehler macht, stellt man es als dumm und unfähig dar. Diese falschen Reaktionen geschehen oft aus einem Affekt, Hilflosigkeit oder seelischer Betroffenheit heraus. Das macht sie jedoch nicht weniger gefährlich. Wie soll ein Kind ein gesundes Selbstvertrauen entwickeln, wenn es herabgewürdigt und beleidigt wird? Fragen Sie sich außerdem: Warum ist es mir als Erwachsenem (oder einer anderen Person) überhaupt ein Bedürfnis, ein Kind so zu erniedrigen? Weil Sie als Elternteil selbst Angst davor haben, dass andere schlecht über Sie denken und Ihr Kind in einem vermeintlichen Vergleich schlechter abschneidet? Ein anderes schädliches Verhalten ist das Ignorieren. Missachtung wird hin und wieder als Strafe eingesetzt, doch welche Konsequenz soll ein Kind aus dieser Art von Bestrafung ziehen? Es fühlt sich schlicht ungeliebt und lernt, dass es die Aufmerksamkeit seiner Eltern, Geschwister oder Betreuer nicht verdient hat. Wer diese Erfahrungen über Jahre machen musste, hat im Erwachsenenalter oft Probleme, sich mit anderen anzufreunden und stabile Beziehungen aufzubauen. Schließlich weiß das kindliche Ich, dass es die Aufmerksamkeit anderer Menschen gar nicht verdient. Wird ein Kind zudem auch noch von der Familie oder seinen Freunden isoliert, hinterlässt dies nachweislich Spuren im Gehirn. Somit werden psychische Erkrankungen wie Depressionen begünstigt. Neben dem Isolieren und Ignorieren ist auch das Verweigern körperlicher Nähe eine Form des emotionalen Missbrauchs. Natürlich entwickelt jedes Kind einen anderen Charakter mit einem sehr individuellen Bedürfnis nach Nähe, Zärtlichkeit und Kuscheln, doch wir müssen diese Bedürfnisse erkennen und darauf eingehen. Die Haut ist das größte Sinnesorgan des menschlichen Körpers und was sollte die Selbsterfahrung eines Kindes besser fördern als Körperkontakt? Berührungen helfen dem Gehirn des Babys außerdem bei der Entwicklung und sorgen dafür, dass die Wachstumsprozesse korrekt verlaufen. Ferner haben Sie in diesem Buch bereits erfahren, dass die körperlichen Reize für ein Baby auch wichtig sind, damit es sich von seiner Umwelt abgrenzen und seine eigene Körperlichkeit entdecken kann.

Die wohl am weitesten verbreiteten Formen des

emotionalen Missbrauchs sind jedoch das Erpressen oder Drohen. Dafür gibt es zwei Gründe. Wer die Liebe und Zuwendung von der Gehorsamkeit des Kindes abhängig macht, entzieht ihm eine fundamentale Sicherheit. Wir wissen, dass bereits Säuglinge das Gefühl bedingungsloser Sicherheit benötigen. Sie wollen spüren, dass die Eltern in der Nähe sind und sich jederzeit dem Kind zuwenden, wenn es dies benötigt. Ist das nicht der Fall, entwickeln Kinder ein fundamentales Misstrauen gegenüber der Welt und anderen Menschen. Der Entzug von Zuwendung, Nahrung oder Eigentum darf niemals eine Strafe sein. Ein Kind muss wissen, dass die Eltern zwar gewisse Anforderungen stellen und auch Kritik üben (vgl. Kapitel 4), aber dennoch bedingungslos für es da sind und es lieben. Das Androhen von Liebesentzug („Dann hab ich dich nicht mehr lieb!") löst große Unsicherheiten in der Seele des Kindes aus. Diese schmerzlichen Erfahrungen haben fast immer schwerwiegende Folgen für spätere soziale Beziehungen. Das Drohen mit Strafen und anderen Konsequenzen führt im Übrigen dazu, dass Sie die geltenden Normen und Verhaltensregeln des Kindes immer wieder infrage stellen. Weshalb feste Strukturen und klare Orientierungen für ein Kind und auch für das Leben als Familie wichtig sind, haben wir im zweiten Kapitel bereits thematisiert. Kinder werden unsicher, wenn ihnen diese Fixpunkte fehlen. Natürlich kann Ungehorsam Konsequenzen haben, doch diese sollten stets klar kommuniziert und so umgesetzt werden, wie es besprochen wurde. Auch das schafft einen festen Rahmen, in dem sich ein Kind sicherer bewegen kann. Beobachten Sie ein solches Verhalten bei Verwandten, Großeltern oder auch Betreuern, dann weisen Sie unbedingt darauf hin. Manchmal geschieht so etwas unabsichtlich, doch gerade das Erpressen wird insbesondere von älteren Menschen gern eingesetzt. Im Sinne Ihres Kindes sollten Sie dieses Verhalten unterbinden und nach Alternativen suchen. Vertrauen kann man schließlich nur dann aufbauen, wenn der andere Mensch ehrlich und verlässlich ist.

Die Probleme erkennen

Für Außenstehende ist es oft nicht leicht, emotionalen Missbrauch zu erkennen. Vor allem dann, wenn Sie ein Kind kaum oder erst kurz kennen. Manch einer wirkt schüchtern und zurückhaltend, andere sind offen und gehen ohne Scheu auf andere Menschen oder neue Situationen zu. Diese Verhaltensweisen geben längst keinen Aufschluss darüber, ob ein Kind seelisch misshandelt, gemobbt oder anderweitig schädigend behandelt wird. Es kommt also darauf an, die Situation genau zu beobachten. Wie verhält sich das Kind in Spielsituationen? Dominiert es andere, wertet es sie ab oder ordnet es sich auffällig ängstlich unter? Werden andere von vornherein abgelehnt, beurteilt oder isoliert? All das kann darauf hindeuten, dass ein Kind so etwas zu Hause oder in seiner anderen engeren Umgebung gelernt hat und nun selbst in dieser Weise handelt. Ein gutes Sozialverhalten zeigt sich hingegen dadurch, dass ein Kind Interesse an den anderen zeigt, mit ihnen spricht und kooperiert. Ihr Kind ist also selbstbewusst und akzeptiert auch sein Gegenüber als eigenständige Person mit Stärken und Schwächen. Andernfalls sollten Sie zuerst Ihr eigenes Verhalten kritisch reflektieren und das Gespräch mit dem Kind suchen. Darüber hinaus ist es empfehlenswert, wenn Sie Ihr Kind zu den Großeltern oder zu Freunden hin und wieder begleiten, um deren Umgangsweisen zu sehen. Suchen Sie im Zweifel immer das Gespräch. Möglicherweise erhalten Sie von anderen Hinweise oder erfahren etwas darüber, wie Dritte mit Ihrem Kind umgehen.

Mobbing als alltägliches Problem?

Mobbing kann überall dort stattfinden, wo Menschen in einer Gruppe zusammen sind. Es kann also durchaus vorkommen, dass Kinder schon in einem sehr frühen Alter zum Opfer oder Täter werden. Untersuchungen haben gezeigt, dass sowohl ein sehr strenger und autoritärer als auch ein sehr behütender Erziehungsstil dazu führen können, dass das Thema Mobbing für ein Kind relevant wird. Emotionale Kälte der Eltern führt dazu, dass Kinder weniger Mitgefühl für andere empfinden können. Andererseits benötigen sie auch die Möglichkeit, Enttäuschungen und Zurückweisungen zu erleben und den Umgang damit zu erlernen. Der beste Schutz gegen Mobbing besteht darin, wenn Sie Ihrem Kind Verantwortung übertragen und ihm die Chance bieten, Konflikte selbst zu lösen. Im vierten Kapitel haben Sie bereits erfahren, wie Sie mit Lob und Kritik richtig umgehen und dem Kind Unterstützung bieten können. Auseinandersetzungen unter Gleichaltrigen sind zudem etwas ganz Normales und helfen den Kindern dabei, eigene Strategien zur Lösung von Problemen zu erlernen und auszuprobieren. Je früher Eltern eingreifen und ihren Kindern das Lösen abnehmen, desto weniger können diese selbst daraus lernen. Zur Entwicklung des Selbstbewusstseins gehört bekanntlich auch immer wieder die Abgrenzung zu anderen und das Erleben der eigenen Persönlichkeit. Eigene Wünsche und Forderungen sollen entdeckt und verteidigt werden, ohne andere dabei zu verletzen. Wenn ein Kind jedoch immer wieder beleidigt, ausgegrenzt, bedroht oder angegriffen wird, sind Eltern und Betreuer in der Pflicht, etwas dagegen zu tun. Beobachten Sie Ihr Kind oder Ihre zu betreuende Gruppe genau: Ist jemand auffällig ängstlich, zieht sich jemand immer wieder zurück, geht es jemandem körperlich häufig schlecht oder möchte ein Kind den Kontakt am liebsten ganz meiden? Die Hinweise auf Mobbing sind oft nur subtil und es erfordert viel Sensibilität und Einfühlungsvermögen, damit sich das

Kind Ihnen anvertraut. Das ohnehin schon angegriffene Selbstbewusstsein soll schließlich nicht noch weiter geschwächt werden. Was gilt es nun zu beachten?

1. Sie drängen das Kind zu nichts!

Sprechen Sie das Thema Mobbing ruhig an, wenn Ihnen etwas aufgefallen ist. Bedrängen Sie allerdings niemanden, sondern machen Sie Gesprächsangebote. Vertrauen Sie darauf, dass sich das betroffene Kind an Sie wenden wird, wenn es dafür bereit ist. Abhängig von Ihrer Position ist es zudem auch sinnvoll, die Eltern bzw. Betreuer anzusprechen.

2. Sie vermitteln Sicherheit!

Wenn sich Ihr Kind oder ein anderes Kind schlecht fühlt und Ihre Nähe sucht, dann vermitteln Sie in erster Linie Ruhe und Sicherheit. Hören Sie zu, fragen Sie vorsichtig nach und zeigen Sie dem Kind, dass Sie immer da sind, wenn es Hilfe benötigt. Es gilt auch hier: Sie helfen bei der Problemlösung, nehmen dem Kind jedoch nicht die gesamte Verantwortung ab und entscheiden vor allem nichts über seinen Kopf hinweg. Letzteres würde sein Selbstbewusstsein und seine Position nur noch weiter schwächen. Die Angriffe der anderen werden unter Umständen nur noch schlimmer.

3. Sie nehmen Probleme ernst!

Möglicherweise erscheinen die Schwierigkeiten des Kindes für Sie harmlos. Wer als Kind schon überempfindlich ist, kann doch kein selbstsicherer Erwachsener werden? Zum einen ist Sensibilität eine Eigenschaft, die Menschen in ganz unterschiedlichem Ausmaß haben. Wer schnell emotional betroffen ist, leidet im schlimmsten Fall selbst darunter. Nehmen Sie die Empfindungen des Kindes also ernst und vermitteln Sie ihm, dass daran nichts kritikwürdig ist. Nach einer Lösung können Sie später immer noch gemeinsam suchen. Erst einmal muss das Kind verstehen, dass es nicht selbst schuld ist, wenn es gemobbt wird. Nicht sein Verhalten ist problematisch, sondern das der mobbenden Kinder.

4. Stärken Sie das Selbstvertrauen!

Welche Aktivitäten könnten dem Kind dabei helfen, wieder mehr Selbstbewusstsein zu entwickeln? Hobbys oder Sport sind dafür meist gut geeignet. Außerdem sorgt Beschäftigung für Ablenkung. Kleine Erfolge und unbeschwerte Zeiten stärken schließlich das Selbstbewusstsein.

Familiäre Konflikte und gestörte Familienkonstellationen

In jeder Familie kommt es hin und wieder zu Konflikten und es ist normal, dass sowohl Erwachsene als auch Kinder untereinander Meinungsverschiedenheiten austragen. Da Kinder bekanntlich durch Beobachtung lernen, kann das respektvolle und ruhige Diskutieren durchaus einen Platz im Familienalltag haben. Es gilt jedoch auch hier, was bereits mehrfach in diesem Buch angesprochen wurde: Drohungen und Beleidigungen können Schäden beim Kind anrichten. Das ist auch dann der Fall, wenn das Kind selbst gar nicht betroffen ist. Was bedeutet das? Kinder reagieren sehr sensibel darauf, wenn sich in ihrer Umwelt etwas Fundamentales verändert. Ist die Beziehung zwischen den Eltern instabil, werden sie aus einem natürlichen Trieb heraus zu einer Person eine sichere Bindung eingehen wollen. Darüber hinaus kann es jedoch auch dazu kommen, dass sich das Kind selbst in jedem Streit betroffen fühlt und sich durch Schreien oder Weinen zum Mittelpunkt des Geschehens macht. Es kann damit bewusst oder unbewusst den Streit unterbrechen und die Aufmerksamkeit auf sich lenken. Eltern können ihr Kind dann entweder ignorieren und damit seine Ängste übergehen oder die Auseinandersetzung bewusst unterbrechen. Letzteres hieße, das Kind in seinen Empfindungen ernst zu nehmen. Denn auch wenn es unverständlich erscheint: Ein Kind weiß und spürt, dass es Teil dieser Familie ist und diese soziale Gemeinschaft unbedingt braucht. Dieses Bedürfnis nach ursprünglicher Sicherheit ist in jedem Menschen angelegt und Babys oder Kleinkinder fühlen sich schlicht bedroht, wenn das engste Umfeld von Konflikten geprägt ist. Die Eltern sind in der Verantwortung, die Familie zu führen. Das heißt einerseits, dass einem Kind nicht zu viel Verantwortung übertragen werden darf. Wenn sich das Kind zu einer bestimmten Handlungsweise (beispielsweise ablenken oder beschwichtigen) gezwungen sieht, fühlt es sich schuldig, wenn es doch zu neuen Konflikten oder gar zur Trennung kommt. Aus dieser Position heraus kann kein gesundes Sozialverhalten entstehen. Andererseits dürfen Sie es als Elternteil auch nicht zulassen, dass Außenstehende über die Familienstrukturen bestimmen. Die kindliche Entwicklung findet bekanntlich in erster Linie innerhalb der Familie statt und die Eltern sind in der Verantwortung, diese Grenzen auch für das Kind zu erhalten. Großeltern oder Freunden kommt in Familienkonflikten keine Rolle als Entscheider zu. Abschließend gilt: Wahren Sie die Rolle des Kindes und vermitteln Sie ihm Sicherheit. Ein ruhiges Gespräch hilft dabei, Fragen zu klären. Weder Ihr Kind noch Sie sollten jedoch Schuldgefühle zulassen (vgl. emotionaler Missbrauch). Es verbietet sich außerdem, mit dem Kind über das andere Elternteil zu lästern, schlecht zu reden oder sich zu verbünden.

Kapitel 6

Die Rolle des Erwachsenen annehmen

Dieses Kapitel schließt an den letzten Abschnitt an. Damit sich Kinder zu einer selbstsicheren und selbstbewussten Persönlichkeit entwickeln können, dürfen sie nicht überfordert werden. Das heißt, sie befinden sich stets in der Position des Kindes. Für Sie hingegen heißt das, dass Sie die Rolle des Erwachsenen ausfüllen müssen. Weshalb es dabei immer wieder zu Problemen kommt und was Sie dagegen tun können, erfahren Sie in diesem Kapitel.

Für das eigene Verhalten sensibilisieren

Zu Beginn bewundern Kinder ihre Eltern und sehen in ihnen die perfekten Menschen, die alles kennen, wissen und bewältigen. Dieses Empfinden entspricht nun einmal der kindlichen Welt. Je älter Kinder werden, desto mehr Zweifel schleichen sich jedoch ein. Sie erkennen, dass ihre Eltern nicht perfekt sind, auch nicht alles wissen und hin und wieder vor Problemen stehen. Dieser Entzauberung folgt das Kennenlernen der Eltern in ihrer Erwachsenenrolle. Eltern sind weiterhin dafür verantwortlich, dem Kind Orientierung zu bieten und bei Bedarf auch Verbote auszusprechen. Welche Aufgaben kommen Ihnen als Elternteil oder Bezugsperson außerdem zu? Sie behalten den Überblick über die Dinge, die getan werden und geschehen. Das heißt auch, dass Sie für eine optimistische Grundstimmung sorgen und Kinder dazu ermutigen, sich in die Prozesse um sie herum einzubringen. Die Grundlage der Elternrolle ist immer die Fürsorge. Sie bieten dem Kind

Rückhalt und vermitteln ihm, dass seine Grundbedürfnisse immer erfüllt sein werden. Daraus lässt sich ableiten, dass Kinder nicht ebenbürtig sind. Ein Kind ist überfordert, wenn es die Rolle des Erwachsenen annehmen soll oder von einem solchen gleichwertig behandelt wird. Zunächst einmal empfangen sie das, was sie in ihrer Position als Kind benötigen und einfordern sowie das, was die Erwachsenen ihnen geben. Eine gleichwertige, wertschätzende oder demokratische Beziehung zwischen Erwachsenen und Kindern bedeutet nicht, dass die beschriebenen Verhältnisse aufgelöst werden. Allerdings kommt auch dem Kind in seiner Beziehung zu Ihnen als Elternteil oder Betreuer eine Aufgabe zu. In einer demokratischen Beziehung wird jeder auf seine Weise gebraucht. Jeder ist ein Lernender und das Bild vom Kind als defizitäres Wesen ist zu Recht längst überholt. Aus diesem Grund sollen sie nicht nur in pädagogisch konstruierten Momenten Verantwortung bekommen, sondern in ganz alltäglichen Situationen. Sie planen das Abendessen für die nächsten Tage – welche Vorschläge hat Ihr Kind dazu? Sie möchten Wäsche waschen und die Sachen Ihrer Tochter oder Ihres Sohns liegen verstreut im Kinderzimmer – was könnte das Kind jetzt vorschlagen? Beim letzten Besuch im Restaurant hat sich Ihr Kind gelangweilt und wurde unruhig – was fällt ihm jetzt ein, um diese Situation beim bevorstehenden nächsten Besuch zu vermeiden? Kinder fühlen sich dann in ihrer Eigenständigkeit akzeptiert, wenn sie eine bedeutsame Entscheidung mittragen können. Im Sinne der Selbstwirksamkeit erleben sie, dass ihre Meinung Gewicht hat. Lassen Sie Ihr Kind also etwas Wert- und Sinnvolles tun, ohne die Verantwortung für die Gesamtsituation abzugeben.

Kommunikation zwischen Erwachsenen und Kindern

Alles, was zwischen Ihnen und dem Kind oder den Kindern stattfindet, ist Kommunikation. Zudem ist es inzwischen üblich, mit Kindern jeden Alters zu diskutieren, etwas zu erklären oder über ein Vorhaben zu verhandeln. Die Sorge um die Verantwortung ist dabei nicht ganz unberechtigt. Was, wenn sich das Kind jedem Erklärungsversuch verweigert und partout nicht einsehen will, warum etwas jetzt doch erledigt werden muss? Die Folge sind hitzige Debatten und emotionale Reaktionen auf beiden Seiten. Ihr Kind fühlt sich unverstanden und wird trotzig, Sie sind enttäuscht ob der vergeblichen Bemühungen. Was ist geschehen? Kinder können mit umständlichen Rechtfertigungen und verwirrenden Darlegungen in der Regel nichts anfangen. Hilfreicher ist es, wenn Sie Ihren eigenen Standpunkt klar formulieren und dem Kind mitteilen, was Sie möchten. Je unmissverständlicher Sie das tun, desto besser. Konjunktive und Worthülsen lassen Raum für Fragen und Interpretationen, sind also nicht empfehlenswert. Bleiben Sie verbindlich und sprechen Sie ausdrücklich von sich: „Ich möchte, ich erwarte und ich will nicht.“ Diese sogenannten Ich-Botschaften führen dazu, dass Ihr Kind leichter zwischen sich und Ihnen differenzieren kann. Indem Sie Ihre Empfindungen und Wünsche deutlich machen, werden Sie für das Kind authentisch. Authentizität wiederum führt zu Autorität, sodass auch Ihre Körpersprache zum Gesagten passen soll. Körperliche Dominanz ist dafür selbstverständlich nicht notwendig. Blickkontakt und eine Haltung auf Augenhöhe des Kindes sind weitaus hilfreicher. Freundlicher Körperkontakt und ein Gesichtsausdruck, der Ihrem Anliegen entspricht, runden die ideale Gesprächssituation ab. Ein weiteres Problem, dem sich alle Eltern und Betreuer irgendwann ausgesetzt sehen, ist das Ermahnen aus Prinzip. Ein Kind kann müde sein, obwohl es Ihrer Ansicht nach ausreichend geschlafen hat. Ihm kann auch zu warm sein, sodass es die Jacke ausziehen will, obwohl es Ihnen gar nicht so warm erscheint. Ein Anlass man für Sie unspektakulär sein und doch ist Ihr Kind aufgeregt, unruhig oder ängstlich. Indem Sie seine Empfindungen verneinen und bagatellisieren, zeigen Sie ihm: Deine Wahrnehmung ist falsch. Damit kränken Sie das Kind und stürzen es in stille Selbstzweifel. Wie könnte eine Lösung aussehen? Hören Sie Ihrem Kind zu oder fragen Sie gezielt nach. Wenn ihm zu warm ist, könnte es vielleicht probeweise ein Kleidungsstück ausziehen. Als Autoritätsperson obliegt es Ihnen aber selbstverständlich auch, bei offensichtlicher Kälte oder schlechtem Wetter deutlich darauf zu bestehen, dass Ihr Kind seine Jacke nicht auszieht. Bei aller Entscheidungsfreiheit, die Ihr Kind für eine gesunde Entwicklung benötigt, haben Sie nach wie vor die Erwachsenenrolle inne.

Starke Kinder durch starke Eltern

Starke Eltern sind sich ihrer Position, ihrer Aufgaben und ihrer Rolle bewusst. Dazu gehören oft Selbstdisziplin und kleinere Einschränkungen. Um die Elternrolle annehmen und leben zu können, müssen sich Erwachsene jedoch zwangsläufig damit auseinandersetzen. Sie haben nicht mehr nur die Verantwortung für sich selbst, sondern auch für einen kleinen Menschen. Erziehern kommt noch einmal eine andere Aufgabe zu und ihr Verhältnis zu den Kindern ist auf eine professionelle Weise distanzierter, doch auch das Ausfüllen dieser Position erfordert Disziplin. Das jeweilige Konzept der Kindertagesstätte gibt zudem einen Handlungsrahmen vor, an dem sich Pädagogen orientieren müssen. Für Eltern sind viele Fragen nicht so leicht zu beantworten. Was ist notwendig, damit aus Ihrem Kind eine selbstbewusste und starke Persönlichkeit wird? Neben all dem, was Sie in diesem Buch bereits erfahren haben, ist vor allem Ihre eigene Klarheit erforderlich.

1. Welche Werte sind Ihnen wichtig?

Wie lebe ich diese selbst in Ihrem Alltag und in welchen Momenten können Sie Ihr Kind daran teilhaben lassen? Wenn Ihnen Ehrlichkeit und Verantwortungsgefühl wichtig sind, dann möchten Sie vermutlich, dass Ihr Kind die Konsequenzen seiner Handlungen trägt und Missgeschicke eingesteht. Zeigen Sie ihm, dass Sie es genauso handhaben.

2. Kennen Sie Ihre eigenen Bedürfnisse?

Ein Leben mit Kindern erfordert hin und wieder Opfer. Ist Ihr Kind sehr bewegungsfreudig und aktiv, muss es seine Power ausleben können. Gönnen Sie ihm diese Zeit und zeigen Sie ihm, dass Sie seine Bedürfnisse anerkennen. Richten Sie dafür zum Beispiel Phasen ein, in denen Sie gemeinsam auf dem Spiel- oder Fußballplatz sind. Eine kooperative Gegenleistung des Kindes kann dann darin bestehen, dass es Sie auch einige Zeit ruhig ein Buch lesen lässt. Dasselbe Prinzip gilt natürlich auch, wenn Sie selbst sehr aktiv sind und Ihr Kind eher stille Beschäftigung sucht. In einer kooperativen Familienpartnerschaft werden die Wünsche aller berücksichtigt.

3. Wie ist es um Ihr Selbstbewusstsein bestellt?

Wie leicht lassen Sie sich von anderen Menschen beeinflussen oder leiten? Wie reagieren Sie auf Kritik? Und wie können Sie möglicherweise auch an sich selbst arbeiten? Bekanntlich sind Eltern die wichtigsten Vorbilder und jedes elterliche Verhalten prägt mehr oder weniger stark auch den Nachwuchs. Aus diesem Grund ist es mitunter ratsam und hilfreich, wenn Sie zuerst an sich arbeiten anstatt Ihr Kind unter Druck zu setzen und hilflos verschiedene Maßnahmen zu ergreifen.

4. Gibt es Tabus?

Darf Ihr Kind über bestimmte Dinge nicht reden oder schweigen Sie selbst beharrlich zu bestimmten Problemen? Verbieten Sie Ihrem Kind hin und wieder den Mund oder sagen ihm, dass etwas doch gar nicht so schlimm sei? Zuhören kostet Kraft und manchmal ist es vielleicht auch schmerzhaft, wenn Ihr Kind Ihnen etwas erzählt. Doch es ist an Ihnen, dass Sie sich damit auseinandersetzen und überlegen, weshalb etwas bei Ihnen Unbehagen auslöst.

Wenn Sie bei Ihrem Kind vermeintlich negative Verhaltensweisen oder Probleme feststellen, haben diese in der Regel irgendwo eine Ursache. Anstatt das Kind zu maßregeln und ihm Vorwürfe zu machen, können Sie an ihrer Beziehung arbeiten. Auch wenn die Eltern-Kind-Beziehung demokratisch sein soll, haben Sie als Erwachsener die Verantwortung für die Gesamtsituation.

Selbstkontrolle und Selbstbewusstsein

Wie bereits im zweiten Kapitel beschrieben entdecken Kinder etwa bis zum Ende des dritten Lebensjahres, dass sie eine eigenständige Person sind und sich in verschiedener Hinsicht von anderen Lebewesen und ihrer Umwelt unterscheiden. Zudem lernen sie, dass sie mit ihrem Tun etwas bewirken (vgl. Selbstwirksamkeit), in ihrer Umgebung etwas auslösen und soziale Beziehungen gestalten können. Leider dauert es auch dann noch einige Zeit, bis Kinder zuverlässig zwischen Impuls und kontrollierter Handlung differenzieren (vgl. Trotzphase). Vergessen Sie bei all Ihren Bemühungen nicht, dass impulsive Reaktionen bis in das Grundschulalter hinein nichts Ungewöhnliches sind. Wie können Sie Ihr Kind oder die zu betreuenden Kinder also dabei unterstützen, sich selbst besser kennenzulernen und die eigenen Wünsche zu verarbeiten?

1. Bestätigen Sie die Emotionen

Sie sehen, dass ein Kind enttäuscht oder wütend ist, sich freut oder nervös wird. Sprechen Sie es ruhig darauf an und zeigen Sie ihm damit, dass Sie es mit seinen Empfindungen akzeptieren. Gefühle sind erlaubt und erwünscht. Erst dann kann man rational nach einer Lösung suchen.

2. Verknüpfen Sie Gefühl und Verstand

Welche Handlung hat ein Gefühl ausgelöst? Ein Kind soll einem Freund kein Spielzeug wegnehmen, denn es gehört ihm nicht. Viel wichtiger ist allerdings die Tatsache, dass der Freund traurig wäre, wenn man ihm sein Spielzeug wegnimmt. Oder wie wäre es für Ihr Kind, wenn ihm durch den Freund ein Spielzeug genommen würde? Verdeutlichen Sie, dass aus dem Tun des Kindes irgendetwas folgt. Möchte es diese Folgen?

3. Lösen Sie sich von Bedürfnissen und Emotionen

Im Alltag als Familie gibt es meist Regeln, an die sich alle halten. Jeder hat Aufgaben und Pflichten zu erfüllen, die unabhängig von den eigenen Wünschen und Gefühlen sind. Übertragen Sie Ihrem Kind oder den Kindern in Ihrer betreuten Gruppe altersentsprechend Dinge, die regelmäßig zu erledigen sind. Verantwortung stärkt das Selbstbewusstsein und fördert die Selbstdisziplin. Gehen Sie mit gutem Beispiel voran.

4. Suchen Sie nach Möglichkeiten, um Gefühle auszudrücken

Es gibt eine Vielzahl von verbalen, kreativen oder auch körperlichen Ausdrucksmöglichkeiten für Kinder. Bewegen, malen oder singen helfen beim Abbau von Emotionen. Wenn Sie gemeinsam mit dem Kind einen Ausgleich schaffen, kann es danach wieder unbeschwerter und konzentrierter lernen. Spätestens in der Schulzeit wird diese Balance wichtig. Im Übrigen können auch Meditationen oder Yoga-Übungen dabei helfen, die eigenen Impulse besser zu kontrollieren.

Kapitel 7

Selbstbewusst in Kindergarten und Schule

Die zum Ende des vorherigen Kapitels erwähnte Impulskontrolle ist eine wichtige Voraussetzung, um in der Schule erfolgreich zu sein. Das letzte Jahr in der Kindertagesstätte ist aus diesem Grund besonders wichtig und nicht umsonst spricht man häufig vom sogenannten Vorschuljahr. Die Entwicklung des Kindes ist nun weit vorangeschritten und es beginnt bald ein neuer wichtiger Abschnitt im Leben, der sowohl das Kind selbst als auch die Familie insgesamt betrifft. Es soll in diesem Kapitel jedoch nicht darum gehen, wie Sie den Übergang am besten gestalten und welche Schwierigkeiten in der Schule auf Sie zukommen könnten. Es geht vielmehr darum, wie Sie Ihr Kind oder Ihre Kindergruppe bestmöglich vorbereiten und die Persönlichkeit festigen.

Die Entwicklung des Kindes einschätzen

Eltern, Betreuer und nahe Bezugspersonen können ihre Kinder in der Regel sehr gut einschätzen. Doch ohne die professionelle Distanz eines Pädagogen ist der Blick natürlicherweise etwas verklärt. Worauf sollten Sie also achten, um die Entwicklung des Kindes richtig einzuschätzen?

1. Das Kind ist zufrieden mit sich selbst

Im Kontakt mit anderen Gleichaltrigen und auch im Umgang mit Erwachsenen merken Kinder natürlich, dass sie anders sind als andere. Jeder hat eine individuelle Haarfarbe, eine andere Augenfarbe und eigene körperliche Merkmale. Doch bei allen Unterschieden ist ein selbstbewusstes Kind zufrieden mit sich und drückt seine Selbstsicherheit auch dadurch aus, dass es andere nicht abwertet, um sich selbst besser zu fühlen.

2. Stärken und Schwächen machen den Charakter aus

Wenn sich Kinder mit vielen verschiedenen Dingen beschäftigen, entdecken sie ihre Talente und bauen ihr Können aus. Mit etwas Erfahrung wissen sie auch bald, was sie nicht gut können. Selbstbewusst sein heißt, dass diese Differenzen erst einmal anerkannt werden. Im zweiten Schritt erkennen starke Kinder, dass sie durch eigenes Bemühen etwas an ihren Schwächen verändern und neue Dinge lernen können.

3. Als Individuum in einer Gruppe

Trotz aller Unterschiede und individuellen Merkmale sind Kindern gern mit Gleichaltrigen zusammen. Die Kindertagesstätte ist dafür das ideale Umfeld. Dort handeln selbstsichere Kinder aus eigenem Antrieb und kooperieren mit anderen.

4. Zwischen Impuls und Plan unterscheiden

Kinder sind erst dann bereit für den Schuleintritt, wenn sie zwischen ihren eigenen spontanen Wünschen und den Anforderungen der Umgebung unterscheiden können. Zwar gelingt das noch nicht immer und es gibt bessere und schlechtere Phasen, doch grundsätzlich kann ein Kind nun zwischen freier Zeit und Pflichten unterscheiden. Dies ist ein wichtiger Schritt zu mehr Selbstständigkeit und Sie erkennen daran, dass Ihr Kind offenbar seinen Platz in der Welt gefunden hat.

Setzen Sie Kinder keinesfalls unter Druck, wenn Ihnen an der einen oder anderen Stelle Defizite auffallen. Vielleicht sind diese in anderen Situationen gar nicht mehr vorhanden und Sie haben sich umsonst gesorgt. Möglicherweise sehen Sie aber trotzdem Handlungsbedarf und möchten Ihr Kind weiter stärken. Dazu benötigen Sie keine aufwendigen Mittel, sondern können bereits im Alltag viel tun.

Das Kind stärken

In diesem Abschnitt finden Sie Tipps und Hinweise, um gezielt das Selbstvertrauen und das Selbstwertgefühl zu unterstützen. Beides führt zusammen zu einem starken Selbstbewusstsein.

Selbstvertrauen aufbauen

Unter Selbstvertrauen verstehen wir den Glauben an die eigenen Fähigkeiten und Kenntnisse. In erster Linie sollten erst einmal Sie an Ihr Kind glauben. Ferner benötigt Ihr Kind positive Bestätigung für das, was es tut. Ein Kind soll sich einbringen, Fragen beantworten oder Aufgaben lösen. Geben Sie Ihrem Kind die Möglichkeit, diese Erfahrungen zu machen. Kommunizieren Sie außerdem auf eine bestätigende und positive Weise miteinander. In welchen Situationen und bei welchen Aktivitäten wird Ihr Kind sich vermutlich wohlfühlen und ungezwungen agieren? Wer gute Erfahrungen macht und seine Kompetenzen einsetzen kann, baut Selbstvertrauen auf.

Selbstwertgefühl stärken

Das Selbstwertgefühl des Kindes kann am besten dadurch gestärkt werden, dass man das Kind etwas tun lässt. Selbstwert geht unmittelbar mit Selbstwirksamkeit einher. Wer ein stabiles Selbstwertgefühl hat, befindet sich nicht in einer passiven und hilflosen Lage, sondern weiß um seine Fähigkeiten. Es stärkt unser Selbstwertgefühl, wenn wir glauben, dass wir aus eigener Kraft etwas tun können.

Die Entwicklung eines Kindes ist weniger von bestimmten großen Ereignissen geprägt als von den vielen kleinen Dingen, die es jeden Tag erlebt. Zudem wissen Kinder intuitiv meist am besten, welche Eigenschaft sie womit weiterentwickeln können. Nicht zuletzt spiegelt sich das Kind in seinen engsten Bezugspersonen und übernimmt viel von diesen.

Selbstwirksamkeit und eigene Leistungen

Noch einmal: Kinder benötigen das Gefühl, dass sie etwas selbst getan und geleistet haben. Indem Sie ihm alle schwierigen Aufgaben abnehmen und es vor vermeintlich schlechten Erfahrungen schützen wollen, behindern Sie seine Entwicklung. Gleichzeitig beklagen Eltern häufig, dass Kinder nicht leistungswillig und motiviert sind. Wie im dritten Kapitel bereits dargelegt ist die Motivation grundsätzlich vorhanden, wird aber durch ungünstige Rahmenbedingungen verhindert. Ein Kind tut etwas, weil eine Handlung etwas zur Folge hat. Im Zweifel freuen sich Kinder also auch darüber, wenn sie etwas kaputt gemacht haben. Dahinter steckt oft keine böse Absicht, sondern lediglich das Erleben der eigenen Wirksamkeit. Wie können Sie diesem Verhalten begegnen? Im psychologischen Sinn zu einer Leistung motiviert ist Ihr Kind dann, wenn es einen

Anspruch erfüllen kann und damit Erfolg erlebt. Manchmal setzt es sich diese Maßstäbe selbst, manchmal muss dieser Anreiz von einer anderen Person kommen. Im Spiel messen sich Kinder häufig miteinander: Wer springt am weitesten, wer läuft am schnellsten, wer klettert am höchsten? Der Sieger oder die Siegerin ist stolz und möchte die Freude mit anderen teilen. Wer knapp unterlegen ist, fordert eine Revanche. Warum setzt dieser Mechanismus ein? Kinder suchen intuitiv nach Herausforderungen, die sie vermutlich gerade noch bewältigen können. Wenn sie das Ziel unmittelbar vor Augen haben und die notwendige Anstrengung abschätzen können, sind sie leistungsbereit und ehrgeizig.

Wertschätzung lernen

Im Alltagsstress verlieren sowohl Eltern als auch Betreuer leider zu häufig den Blick für all die kleinen Dinge, die in der Welt des Kindes oder der Kinder eine wichtige Rolle spielen. Leistung wird zum Beispiel daran gemessen, dass ein Kind gute Noten schreibt oder die Norm seiner Gruppe erfüllt. In einer demokratischen Eltern-Kind- oder Kind-Betreuer-Beziehung kommt es jedoch vielmehr darauf an, dass ein grundsätzlich wertschätzendes Klima herrscht. Was verstehen wir darunter? Zunächst einmal heißt das, dass Sie den Blick weg von einzelnen Anlässen und hin zum Gesamten lenken. Mit den folgenden Hinweisen können Sie Ihr Verhalten überprüfen und bei Bedarf zum Positiven verändern.

1. Wertschätzend kommunizieren

Zu einer wertschätzenden Kommunikation gehören mehrere Dinge. Es beginnt damit, dass man sich begrüßt und mit Namen anspricht, „bitte" und „danke" sagt und sein Gegenüber ansieht. Im zweiten Schritt geht es um die

Fähigkeit des Zuhörens. Wer dem anderen ins Wort fällt und ihn immer wieder unterbricht, signalisiert Desinteresse. Natürlich ist die Aufmerksamkeitsspanne bei Kindern noch eine andere als bei Erwachsenen, doch auch sie müssen lernen, dass ein Gespräch gewissen Regeln folgt. Der im sechsten Kapitel vorgestellte Begriff der Selbstkontrolle spielt im Miteinander eine große Rolle. Das heißt wiederum, dass Sie Selbstkontrolle auch in Gesprächen trainieren können. Nutzen Sie zum Beispiel einen kleinen Gegenstand, den der Sprechende in der Hand hält. Hat er seine Erzählung beendet, übergibt er ihn der anderen Person, sodass diese nun sprechen kann. Überraschenderweise erfordert dies auch von Erwachsenen sehr viel Selbstbeherrschung und Disziplin.

2. Die Anwesenheit wahrnehmen

Neben der Begrüßung und dem Blickkontakt gibt es selbstverständlich weitere Möglichkeiten, dem anderen seine Wertschätzung zu signalisieren. Wenn mehrere Personen in einem Raum oder einer Wohnung sind, findet dennoch häufig keine Kommunikation statt. Jeder verfolgt seine eigenen Aktivitäten und sorgt sich um sein Wohl. Dabei ist es angenehmer für alle Beteiligten, wenn jeder hin und wieder angesprochen wird. Wer sich etwas zu essen oder zu trinken holt, könnte anderen etwas mitbringen. Und auch ohne konkreten Anlass freuen sich die meisten Menschen, wenn man sie freundlich anspricht und danach fragt, was sie gerade tun. Auch in diesen unscheinbaren Momenten erleben Kinder ihre eigene Stellung und lernen gleichzeitig Rücksichtnahme und Abgrenzung, wenn jemand anderes nicht gestört werden möchte oder sie selbst gerade Ruhe benötigen. Dennoch zeigen sich die Anwesenden gegenseitig, dass sie sich wahrgenommen haben.

3. Die Aufmerksamkeit immer auf das Positive lenken

In einer angespannten Stimmung kann kein gutes Gespräch entstehen. Wer mit Vorwürfen beginnt und all das anspricht, was ihn gerade stört, schafft Distanz zu seinem Gegenüber. Sie bauen Nähe zwischen sich und dem Kind auf, wenn Sie es auf eine positive Art ansprechen. Was hat es gerade gut gemacht oder Gutes an sich?

4. Selbst konstruktiv sein

Wenn das Ziel einer Diskussion oder einer Kritik nur in einer Anklage besteht, kann kein konstruktiver Austausch entstehen. Welchen Zweck sollte Ihre Ansprache also erfüllen? Sie möchten gemeinsam mit dem Kind die Situation verbessern. Fragen Sie: „Was können wir tun?" Auf diese Weise beziehen Sie das Kind mit ein und erreichen, dass es Selbstwirksamkeit erlebt. „Du setzt dich jetzt hin, damit Ruhe ist!", führt hingegen nur zu Trotz. In vielen Unternehmen wird inzwischen eine offene Feedback-Kultur etabliert. Das heißt, dass sich Vorgesetzte und Mitarbeiter demokratisch kritisieren und Vorschläge anbringen können. Richten Sie mit Ihrem Kind ruhig ähnliche Feedback-Runden ein. Je nach Alter des Kindes erhalten Sie möglicherweise ganz neue Impulse für den Umgang miteinander. So kann zum Beispiel auch das Erzählen oder gemeinsame Erfinden von Geschichten zu einem vertrauensvollen Verhältnis beitragen und gleichzeitig Werte vermitteln.

5. Ich-Botschaften und Fürwörter

Feedback soll immer direkt und mit persönlichem Bezug erfolgen. „Das ist doch gut gelungen!", können Sie sicher ohne Probleme zu Ihrem Kind oder auch zu einem Kollegen sagen. Was vielen Menschen jedoch schwerer fällt: „Ich finde, dass du deine Aufgabe gut gemacht hast." Fürwörter wie „du" und „dein" ersetzen die Namen und schaffen einen persönlichen Bezug, sodass sie nicht in der dritten Person voneinander sprechen müssen. Für Kinder sind derartige Botschaften klar verständlich und sie können eine Verbindung zwischen dem Erlebten, sich selbst und ihrem Gegenüber herstellen.

Mut machen

Kinder können und wollen sich verbessern und weiterentwickeln. Ermutigen Sie Ihr Kind also dazu, sich diesen Prozessen auch zu stellen. Es geht nicht um Vergleiche oder einen Wettstreit. Vielmehr sollten die individuellen Fähigkeiten und Stärken im Vordergrund stehen Die Botschaft, die Sie Ihrem Kind oder Ihrer Kindergruppe vermitteln sollen, ist folgende: Niemand muss besser sein als der andere, damit er mit sich zufrieden sein kann. Jeder ist auf seine Weise in Ordnung. Stellen Sie sich vor, Ihr Kind soll mit einer Gruppe einen Parcours bewältigen. Sie begleiten es in einiger Entfernung und beobachten das Geschehen. Die Hindernisse bereiten ihm Freude und sind hin und wieder auch eine größere Herausforderung, das Ziel ist noch weit entfernt. An welcher Position sich Ihr Kind in der Gruppe befindet spielt keine Rolle. Sie ermutigen es lediglich dazu, sich dem jeweils nächsten Hindernis zu stellen. Dass es unter den Kindern möglicherweise einen Wettstreit gibt oder es um Medaillen geht, ist unerheblich. Sie ermutigen es und bestärken es im Weiterlaufen. Sobald das Ziel überquert ist, folgen Stolz und Lob. Bemühung, Anstrengung, Ehrgeiz und Erfahrungen sind für das Kind wichtiger als alles andere – also scheuen sie sich nicht vor ehrlichem Lob, auch wenn es als letztes ins Ziel kam. Die Herausforderung war der Parcours an sich. Und auch wenn Ihr Kind den Parcours abbricht, hat es sich bis dahin bemüht und alles gegeben. Dass Ihre Hoffnungen möglicherweise enttäuscht wurden, ist nicht die Schuld Ihres Kindes (vgl. emotionaler Missbrauch und Schuldgefühle).

Wie Geschichten erzählen Kinder stärkt

Fast alle Kinder lieben es, wenn man Ihnen Geschichten erzählt. Am Abend im Bett, während der Mittagsruhe oder in ruhigen Stunden als Familie: Die Kleinen hören in der Regel gespannt zu und lernen nebenbei viel über sich selbst und ihr Leben. Natürlich können Sie auf viele verschiedene Kinderbücher zurückgreifen, die auf das jeweilige Alter des Kindes abgestimmt sind und sich zum Beispiel mit den Themen Selbstbewusstsein und persönliche Stärke beschäftigen. Doch mit etwas Fantasie und Kreativität erfinden Sie ganz einfach selbst die passenden Geschichten für Ihr Kind oder Ihre Gruppe. Das Zuhören fördert ganz nebenbei die Konzentrationsfähigkeit und regt die Fantasie an, hilft den Wortschatz zu erweitern, vermittelt Werte und baut Vertrauen auf. Ihre Geschichte muss auch keine besonderen Erlebnisse oder Wunder enthalten und kann ruhig auch eine für Kinder vertraute Situation beschreiben. Mit den folgenden sechs Schritten entwickeln Sie nach Ihrem Bedarf eine persönliche Erzählung. Unter jedem Schritt finden Sie außerdem ein Beispiel, sodass sich aus diesen sechs Abschnitten schon eine erste kleine Geschichte entwickelt, die Sie vorlesen können.

1. Der Rahmen

An welchem Ort spielt Ihre Geschichte? Stellen Sie sich zum Beispiel eine Wiese vor. Was können Kinder sinnlich auf einer Wiese wahrnehmen? Welche Geräusche und Düfte umgeben sie? Vielleicht summen Bienen umher oder Vögel zwitschern, vielleicht segelt ein Schmetterling stumm durch die Luft. Rauscht dazu der Wind in den Bäumen, Duftet es nach Heu oder sehen Sie andere Menschen? Vielleicht gibt es auch eine kurze Vorgeschichte oder einen zeitlichen Rahmen für Ihre Erzählung. Nehmen Sie Ihre Zuhörer mit auf die Reise.

Am letzten Samstag war der Badestrand am See ganz ruhig. Die Sonne schien und es war sehr warm, viele Bienen summten durch die Luft und am Horizont wurde auf einem Feld schon das Getreide geerntet. Man sah eine große Staubwolke. Siehst du, in welche Richtung sich das Erntefahrzeug bewegt? Es fährt nach links, dann wendet es und fährt wieder in die andere Richtung. Hier am Ufer spielen ein paar Kinder im Sand. Der Sand kitzelt zwischen den Zehen und sie bauen mit Eimer und Schaufel viele kleine Burgen.

2. Die Beteiligten

An die Situationsbeschreibung schließt sich die Beschreibung der Personen an. Einerseits können Sie Fantasiewesen wie Feen oder Comicfiguren erschaffen. Andererseits können sich Ihre Protagonisten an der Lebenswelt der Zuhörer orientieren. Sparen Sie nicht mit Details, wenn Sie den Helden beschreiben. Bunte Kleidung, eine auffällige Haarfarbe, besondere Eigenschaften oder Vorlieben interessieren meist besonders.

Anton und seine Freundin Lisa sind mit Antons Eltern zum Baden gekommen. Er hat seine neue rote Badehose eingepackt und sein Lieblingshandtuch mitgenommen. Die Hose passt gut zu Lisas rotem Badeanzug. Weil es so warm ist, ziehen sich die beiden schnell um. „Ihr sehr in eurer roten Kleidung aus wie zwei Bademeister!", sagt Antons Vater. Lisa und Anton lachen und rennen aufgeregt zum Wasser. „Ist das warm!", ruft Lisa. Die beiden spielen am Wasser und bauen mit den anderen Kindern gemeinsam Sandburgen.

3. Was passiert?

Ihr Held braucht eine Aufgabe. An dieser Stelle entwickelt die Geschichte eine eigene Dynamik. Was hat der Protagonist oder die Protagonistin vor und was benötigt er dazu (beispielsweise ein anderes Kind fragen, ob es ein Spielzeug auch benutzen darf)? Sieht er oder sie etwas, das bewältigt werden muss (beispielsweise jemandem helfen, der gestürzt ist)? Wichtig ist, dass Ihr Held eine Aufgabe bekommt, die für Kinder interessant ist. In einer Fantasiewelt bewegen sich Gegenstände und Lebewesen natürlich anders als in der üblichen Umgebung, sodass durchaus etwas fliegen oder schweben kann – inklusive des Helds oder der Heldin. Orientieren Sie sich ein wenig an den Interessen des Kindes oder beziehen Sie es sogar mit ein, indem es selbst Lösungen vorschlägt.

"Oh nein!", ruft plötzlich ein kleines Mädchen mit langen dunklen Haaren. „Meine Schaufel ist weg.", sagt sie traurig. Die Kinder schauen sich um und wühlen im Sand. „Tja", sagt Anton, „vielleicht haben wir sie irgendwo vergraben. Kommt, wir suchen alles ab." Sie buddeln weiter, bis Lisa plötzlich ruft: „Da! Ich sehe deine Schaufel! Sie schwimmt dort!" Die kleine gelbe Schaufel tanzt über die Wellen und entfernt sich immer weiter vom Ufer. „Wir sind Bademeister", sagt Lisa, „wir holen die Schaufel." „Aber so weit können wir gar nicht schwimmen!", erwidert Anton. Das Mädchen, dem die Schaufel gehört, wird immer trauriger: „Das ist mein Lieblingsspielzeug! Was können wir tun?" [An dieser Stelle können Kinder auch selbst Vorschläge machen.]

4. Mit welchen Mitteln?

Alltägliche Gegenstände können schnell langweilig werden. Ein Zauberumhang, Flügel, treffsichere Fußballschuhe oder ähnliches regen wiederum die Fantasie des Kindes an. Fassen Sie an dieser Stelle das bisher Geschehene noch einmal kurz zusammen: Wo befindet sich die Hauptfigur, wer ist außerdem beteiligt, welche Mission gilt es zu erfüllen und welche Gegenstände spielen eine Rolle? Nun kommt es zum Konflikt. Ein Gegenspieler möchte Ihre Hauptfigur aufhalten oder eine Situation scheint aus ihren natürlichen Gegebenheiten heraus ausweglos.

Ein paar andere Kinder kommen hinzu. „Kann jemand so weit schwimmen?“, fragt Anton. Niemand meldet sich. Die kleine Schaufel entfernt sich langsam weiter. „Schau mal“, sagt Lisa zu dem Mädchen, „da hinten ist eine Gruppe älterer Kinder. Die fragen wir mal!“ „Ich trau mich nicht.“, antwortet sie. „Komm, wir gehen zusammen!“, schlägt Lisa vor.

5. Eine Wendung herbeiführen und weiterentwickeln

Der Gegenspieler muss keine böse Figur sein und sollte sich nicht an realen Personen orientieren. Wichtig ist, dass die Hauptfigur von ihrem Plan abgebracht werden soll. Ihr Held oder Ihre Heldin ist clever und selbstbewusst, bedient sich also nur fairer Mittel. Gewalt und Unterdrückung sind keine Lösungswege. Beziehen Sie das Kind oder die Kinder wieder mit ein. Welche Vorschläge können sie machen? Vielleicht integrieren sie nun Elemente aus anderen Geschichten und nutzen einen fliegenden Teppich, um ein Hindernis zu überwinden. Kreative Lösungen sind genau das, was Sie mit Ihrer Erzählung erreichen wollen.

Die beiden laufen zu der Gruppe und bitten sie um Unterstützung: „Könnt ihr uns helfen, die kleine Schaufel dort hinten wieder ans Ufer zu holen?“ „Kein Problem!“, antworten zwei Mädchen aus der Gruppe und laufen ins Wasser. „Wie heißt du eigentlich?“, fragt Lisa das dunkelhaarige Mädchen neben sich und stellt sich vor. „Franzi“, antwortet sie, „und schau mal, die sind gleich bei meiner Schaufel!“ Lisa und Franzi freuen sich, als Anton schon winkt: „Hier! Kommt wieder zu uns hier her!“ Die beiden warten noch, bis die anderen Mädchen zurück am Ufer sind. „Danke!“, sagt Franzi.

6. Ausklingen lassen

Ein oder mehrere Lösungsvorschläge werden ausprobiert. Welcher letztlich zum Erfolg führt, ist Ihnen überlassen. Je mehr Kinder mit der Hauptfigur gelitten haben, desto wirkungsvoller ist das Ende. Selbstverständlich soll dieses positiv sein und zeigen, dass sich Ihre Figur mit Nachdenken, Ausprobieren und Selbstvertrauen geholfen hat. Runden Sie die Erzählung ab, indem Sie sie nun nach Hause gehen oder auf Freunde treffen lassen. Ein Kind mag das Gefühl, wenn am Ende alles gut wird und sich alle wohlfühlen.

Anton hat inzwischen schon Platz für neue Sandburgen geschaffen, als Lisa und Franzi zurückkommen. Auch Antons Mutter kommt zum Ufer und begrüßt die Mädchen: „Na, was habt ihr gemacht?“ „Wir waren Bademeister“, sagt Lisa, „und du glaubst gar nicht, was uns passiert ist!“ Das möchte Antons Mutter natürlich genauer wissen und lässt die drei Kinder die Geschichte erzählen, währen die zusammen im Sand sitzen und merken, wie der Sand zwischen den Zehen kitzelt.

In diesem Beispiel geht es darum, wie Kinder miteinander kooperieren und sich gegenseitig helfen können. Das Selbstbewusstsein der Protagonisten ist überdies auch eine Unterstützung für die anderen Figuren und die Kinder lösen ein Problem in Eigeninitiative.

Wenn das Vorlesen oder Erzählen von Geschichten zu Ihren gemeinsamen Ritualen gehört, kann die Hauptfigur auch immer wieder auftauchen und verschiedene Abenteuer erleben. Haben Kinder erst einmal Liebe zu einer Figur entwickelt, nehmen sie gern an ihrem vermeintlichen Leben Anteil. Denken Sie an die Kinderbücher zurück, die Sie selbst kennen. Zu Beginn kann Ihre Geschichte auch mehr an eine Nacherzählung erinnern als etwas selbst Erdachtes. Scheuen Sie sich nicht davor, das freie Erzählen auszuprobieren.

Kleine Tipps und Übungen für den Alltag

Der Grundsatz dieses Buches lautet bekanntlich: Lassen Sie Ihr Kind selbst Erfahrungen machen und Dinge ausprobieren. Der Weg in die Welt der Erwachsenen ist natürlich noch weit, doch das heißt nicht, dass Kinder nicht hin und wieder einmal in diese Welt hineinschauen könnten. Ein paar Beispiele für geeignete Situationen finden Sie in diesem Abschnitt.

1. Essen vorbereiten

Gemeinsam kochen und essen verbindet. Kinder können gut den Tisch decken, etwas aus dem Kühlschrank nehmen oder anderen Familienmitgliedern Bescheid geben, dass das Essen fertig ist. Indem Sie das Kind in den Prozess integrieren, muss es nicht nebenbei spielerisch beschäftigt werden.

2. Einkaufen und zahlen

Wenn ihr Kind Taschengeld bekommt, möchte es sich vielleicht hin und wieder etwas kaufen. Die Situation an der Kasse kann auch von kleineren Kindern schon selbstständig bewältigt werden, sofern Sie als Elternteil oder Betreuer dabei sind. In eine Reihe einordnen, warten, Bitte und Danke sagen und den Kaufvorgang möglichst eigenständig bewältigen, stärkt das Selbstvertrauen ungemein. Hinzu kommt das Erleben der Selbstwirksamkeit.

3. Voran gehen

Meist laufen Kinder ohnehin gern an erster Stelle. Doch sie neigen häufig auch dazu, sich in unbekannten oder schwierigen Situationen hinter den Eltern oder Geschwistern zu verstecken. Ermutigen Sie es dazu, nach vorn zu gehen. Vermitteln Sie ihm gleichzeitig Rückhalt, indem Sie sich nah hinter ihm aufhalten oder leicht berühren.

4. Aufrecht bleiben

Eine falsche Körperhaltung kann nicht nur zu Schmerzen und orthopädischen Schäden führen. Sie beeinflusst auch das Selbstwertgefühl. Achten Sie zuerst auf sich selbst: Wie stehen Sie, wie laufen Sie und wie aufrecht ist Ihre Haltung? Ein gestreckter Rücken und leicht nach hinten gezogene Schultern symbolisieren Stärke. Welche Haltung bevorzugt Ihr Kind? Und welche Haltung nimmt es in schwierigen Situationen an? Ermutigen Sie sich selbst und auch Ihr Kind dazu, eine gerade Haltung anzunehmen, nach vorn zu schauen und sicher zu laufen. Probieren Sie ruhig auch spielerisch miteinander verschiedene Arten des Laufens und Stehens aus, imitieren Sie sich gegenseitig und variieren Sie die Geschwindigkeiten.

5. Zu Fehlern stehen

Jedem misslingt ab und an etwas. Vielleicht ist der Salat beim Abendessen zu stark oder zu schwach gewürzt, vielleicht haben Sie Ihr Lieblingsbuch verlegt. Erzählen Sie Ihrem Kind ruhig davon. Damit zeigen Sie ihm, dass Fehler nicht schlimm sind. Das schafft Vertrauen und Ihr Kind muss nicht versuchen, eigene Missgeschicke zu verstecken.

Kapitel 8

Emotionale Kompetenz stärkt Kinder

Über das Erlernen von Selbstkontrolle und den Umgang mit kindlichen Impulsen haben Sie bereits in mehreren Kapiteln etwas erfahren. In diesem Kapitel wollen wir uns noch einmal ähnlichen Fragen zuwenden: Wie unterstützen Sie die Entwicklung emotionaler und sozialer Kompetenz dauerhaft, wann ist Achtsamkeitstraining für Kinder geeignet und wie ist das Kind optimal für den Übergang ins Teenager-Alter gestärkt?

Sich selbst akzeptieren – nichts leichter als das?

Wir alle kennen das Gefühl, wenn wir für eine Leistung Anerkennung erfahren haben. Während Erwachsene jedoch versuchen etwas Gutes zu leisten, ist Kindern grundsätzlich jede Form von Aufmerksamkeit und damit auch Anerkennung recht. Kinder möchten in ihrem Entdeckungsdrang Selbstwirksamkeit erfahren. Während Sie als Erwachsener also wissen, was Sie können und wo Sie es einsetzen, müssen Kinder die richtigen Situationen erst noch finden. Das heißt jedoch auch, dass sie ihre Unzulänglichkeiten und Schwächen erkennen und damit umgehen müssen. Das fällt Kindern nicht immer leicht und leider scheitern auch erwachsene Menschen immer wieder an diesem Vorhaben. Sich akzeptieren heißt allerdings gerade, dass Sie sich so akzeptieren, wie Sie sind. An dem Ist-Zustand können Sie selbstverständlich etwas verändern. Dazu sind Bemühungen notwendig. Das Wissen darum, dass Sie zu diesen Bemühungen in der Lage sind, wird wiederum als Selbstvertrauen bezeichnet. Was heißt das für Sie und Ihr Kind oder Ihre Kinder? Ihr Kind bemerkt natürlich im

Vergleich zu anderen, dass es etwas nicht kann. Diese Erkenntnis verarbeitet es dann besser, wenn Sie sich selbst positiv verhalten. Das richtige Loben und Kritisieren haben wir in diesem Buch bereits thematisiert. Wer nie gelernt hat, an seine Fähigkeiten zu glauben, wird sich kaum aus eigener Kraft anstrengen können, um etwas zu lernen und zu erreichen. Ein bloßer Appell im Sinne von „Akzeptiere dich doch so, wie du bist!“ ändert weder an Ihrer noch an der Situation des Kindes etwas. Suchen Sie auch hier lieber gemeinsam nach einem Ausweg und überlegen Sie, in welchen realistischen Schritten Sie vorgehen können. Machen Sie einen Plan und stellen Sie sich das Gefühl vor, wenn das konkrete Ziel erreicht wurde (vgl. „Das kindliche Selbstbewusstsein nutzen“ im dritten Kapitel dieses Buches).

Gefühle und Emotionen zulassen und ausdrücken

Noch bevor ein Kind irgendetwas anderes kann, empfindet es. Als Baby drückt es diese Empfindungen vornehmlich durch das Schreien und Weinen aus. In den ersten Lebensjahren kommen neue Ausdrucksmöglichkeiten hinzu. Ist die Selbstkontrolle zwischen dem dritten und sechsten Lebensjahr normal entwickelt, verstehen auch Außenstehende viel besser, was das Kind bewegt und was es mitteilen möchte. Eltern und Betreuer müssen wissen, dass jegliche Empfindungen und Gefühle nun einmal da sind. Sie verschwinden auch nicht, wenn sie verschwiegen oder unterdrückt werden sollen. In solch einem Fall werden Kinder lediglich sehr verschlossen, entwickeln Depressionen oder leben das Unterdrückte durch Aggressionen aus. Aggressives Verhalten können Kinder sowohl gegen sich selbst als auch gegen ihre Umwelt richten. Mit welcher Folge? Das Kind gilt als schwierig und schlecht erzogen, wird in seinen Bedürfnissen nicht ernst genommen und schlimmstenfalls mit Ignoranz, Drohungen oder Gewalt bestraft (vgl. emotionaler Missbrauch). Die

Begriffe Emotion und Gefühl werden häufig synonym verwendet, meinen aber streng genommen nicht dasselbe. Als Beispiel soll die Emotion Angst dienen. Wenn Ihr Kind Angst empfindet, dann fühlt es sich schlecht. Sie erkennen das daran, dass es sich versteckt, weint oder leise spricht. Was ist der Anlass für das schlechte Gefühl? Vielleicht ist Ihr Kind auf dem Spielplatz zu weit nach oben geklettert. So banal Ihnen diese Situation erscheinen mag: Ihr Kind verspürt Angst, fühlt sich schlecht und sucht einen Ausweg aus dieser Lage. „Du brauchst keine Angst haben!“, mag ein freundlicher Zuruf sein, hilft dem Kind aber nicht weiter. Lassen Sie Ihr Kind nicht mit seinem schlechten Gefühl allein und bereiten Sie ihm keine zusätzlichen Schuldgefühle, indem Sie ihm Vorwürfe machen. Indem Sie ruhig reagieren und die Spannung aus der Situation nehmen, helfen Sie ihm beim Verarbeiten seiner Gefühle. Suchen Sie gemeinsam nach einem Ausweg. Zu Situationen dieser Art kann und wird es immer wieder kommen und Angst ist eine Emotion, die uns während des gesamten Lebens begleitet. Wir haben allerdings in den meisten Fällen Strategien entwickelt, um mit der Angst umzugehen. Genau das kann Ihr Kind auch lernen, wenn Sie es erst einmal bei dem die Angst auslösenden Gefühl unterstützen. Im Laufe der Zeit lernt ein Kind, wie es Emotionen ausdrücken, verstehen und regulieren kann. Diese drei Schritte greifen ineinander. Babys verstehen in den ersten Lebensmonaten noch nicht, wie sie mit Emotionen umgehen sollten. Sie empfinden zwar und werden sich dieser Empfindungen auch bewusst, können aber nur zwischen einfachen Gegensätzen (satt/hungrig, zufrieden/unzufrieden, glücklich/traurig) unterscheiden. Gleichzeitig lernen sie auch, die Mimik ihrer Eltern zu deuten und können den Gesichtsausdruck nicht nur nachahmen, sondern fühlen sich auch so. Bereits mit vier bis sechs Monaten können sie ihre Emotionen besser regulieren und drücken sich unabhängig von den Bezugspersonen aus. Später können sie die Emotionen anderer deuten und sich schließlich im zweiten Lebensjahr ablenken, um Emotionsregulation zu betreiben. Spätestens dann werden die Ausdrucksmöglichkeiten facettenreicher. In den nächsten Jahren verknüpfen sie Emotionen und Handlungen immer bewusster, können die Emotionen anderer Menschen einschätzen und verstehen auch, wie sie diese mit ihren Handlungen beeinflussen können (vgl. Selbstwirksamkeit). Wie können Erwachsene und insbesondere Eltern also die Entwicklung der emotionalen Kompetenz fördern? Zunächst einmal indem sie ihre eigenen Emotionen und auch Gefühle deutlich zeigen. Die Freude über ein vom Kind gemaltes Bild mag Außenstehenden übertrieben erscheinen, hat aber einen immensen Lerneffekt. Überdies wissen Kinder erst einmal nicht, dass Emotionen verschiedene Ausprägungen haben und dass es unterschiedliche Ausdrücke dafür gibt. Benennen Sie die Dinge also konkret und helfen Sie ihm, eine Verbindung zwischen seinem Empfinden und der verbalen Verarbeitung herzustellen. Auch das trägt schließlich dazu bei, dass ein Kind sich seiner Position in der Welt bewusster wird. Und es lernt früher oder später auch, wie es schlechte Phasen überwinden kann und lenkt sich mit anderen Dingen ab. Unterstützen können Sie Kinder mit den folgenden Tipps.

1. Bieten Sie Worte an

Die korrekten Bezeichnungen für Gegenstände erfahren Kinder ganz selbstverständlich. Sie erklären ihnen, was eine Katze oder ein Ball ist und wie sie ein Tier mit Flügeln oder ein Gefäß zum Trinken benennen müssen. Da sie Kindern ihre Empfindungen in den meisten Fällen sehr gut ansehen, können Sie diese Gelegenheiten aufgreifen: „Das freut dich, ja?“

2. Fragen Sie nicht nur

Natürlich ist es nicht falsch, wenn Sie ein Kind nach seinem Befinden fragen. Doch Kindern lernen schnell, dass man darauf üblicherweise mit einer Floskel antworten: „Okay.“ Manchmal erhalten Sie auch gar keine Antwort und das Kind verschließt sich Ihnen. Machen Sie ihm also Angebote, indem sie konkrete Begriffe nutzen (vgl. Tipp 1).

3. Visualisieren Sie

Lassen Sie das Kind irgendetwas zeichnen, das seine Gefühle zeigt. Basteln Sie eine Gefühls-Uhr, sodass es die Zeiger selbstständig verstellen kann. Suchen Sie nach geeigneten Bildern (beispielsweise Emoticons), die etwas deutlich ausdrücken.

4. Keine Rechtfertigungen

Ihr Kind fühlt sich nicht gut und Sie fragen nach dem Grund. Das ist natürlich richtig, erfordert aber Ihre Zurückhaltung. Erwarten Sie keine Rechtfertigung und vermitteln Sie ihm nicht, dass sein Gefühl falsch oder unbegründet ist.

Wie Achtsamkeitsübungen helfen können

Wer achtsam ist, lenkt seine Aufmerksamkeit auf die Gegenwart. Was bedeutet das? Erlebnisse und Gedanken lenken uns immer wieder ab und führen dazu, dass wir mit unseren Empfindungen nicht im Hier und Jetzt sind. Das führt dazu, dass Sie die Gegenwart nie richtig genießen können. Irgendetwas lenkt Sie immer wieder ab, lässt Sie abschweifen, bringt Sie in eine schlechte Stimmung oder entzieht Ihnen Energie. Kinder können all das Chaos eines Tages manchmal noch schlechter verarbeiten als

Erwachsene. Helfen Sie Ihrem eigenen Kind oder Ihrer Gruppe also dabei, einige Zeit abzuschalten und all die Reize eine Weile außen vor zu lassen. Achtsamkeitsübungen und kleine Meditationen kann jeder ohne Hilfsmittel zu Hause durchführen.

1. Atmen

Legen Sie sich gemeinsam hin und kommen sie ein wenig zur Ruhe. Schließen Sie die Augen und atmen Sie mehrmals tief ein und aus. Diese Phase können Sie mit Ihrem Kind beliebig lange ausdehnen und so zum Beispiel auch ein Ritual vor dem Einschlafen etablieren. Alternativ können Sie zusammen innehalten und gezielt atmen, bevor Sie essen. Drei bis fünf Atemzüge reichen aus. Der Puls verlangsamt sich und Sie können Ihrem Kind beibringen, dass es bereits nach kurzer Zeit ganz im Hier und Jetzt ist.

2. Achtsam essen

Wann haben Sie sich zuletzt auf Duft, Geschmack, Konsistenz und Temperatur konzentriert, wenn Sie etwas gegessen haben? Im zweiten Kapitel haben Sie bereits erfahren, wie Sie Kindern dabei helfen können, ihre Wahrnehmung zu schulen. Diese Übungen können Sie immer wieder mit dem Kind gemeinsam machen und sich gegenseitig von den Eindrücken berichten.

3. Achtsam laufen

Zeigen Sie Ihrem Kind, wie es sich nur auf das Laufen konzentrieren kann. Der Blick richtet sich nur auf die Füße, die Umgebung ist unwichtig. Wie läuft man auf unterschiedlichen Böden, wo wird Druck ausgeübt, wo ist es glatt? Barfuß laufen, balancieren, auf den Zehenspitzen stehen – die Möglichkeiten sind vielfältig.

4. Augen verbinden

Viele Kinder schließen ohnehin gern die Augen, weil die Welt sofort ganz anders wirkt. Mit verbundenen Augen können sie auch einmal versuchen etwas zu malen, aus einer Schublade herauszusuchen oder auf dem Boden zu finden.

5. Tagebuch führen

Sammeln Sie mit Ihrem Kind gemeinsam jeden Tag etwas Besonderes oder schreiben Sie etwas auf. Nehmen Sie sich vor, dies an jedem Abend zu tun. Schließen Sie den Tag mit etwas Positivem ab und vermitteln Sie Ihrem Kind so eine aufgeschlossene Haltung gegenüber dem Leben.

Emotional kompetente Kinder brauchen in erster Linie emotional kompetente Eltern und Betreuer. Lassen Sie die Emotionen und Gefühle Ihrer Tochter, Ihres Sohnes oder Ihrer Kindergruppe zu, ohne dass Alter und Geschlecht dabei eine Rolle spielen. Das Empfinden hat zudem nicht zwangsläufig auch etwas mit der objektiven Realität zu tun. Indem Sie die Gefühle und Emotionen jedoch herunterspielen oder einem Kind Vorwürfe machen, missachten Sie seine essentiellen Bedürfnisse. Verarbeiten Sie sie stattdessen lieber gemeinsam. Dem Kind kommt hier altersentsprechend Verantwortung zu und es erlebt Selbstwirksamkeit.

Kapitel 9

Selbstbewusst ins Teenageralter

Der Übergang vom Kindesalter in die Phase als Teenager und später ins Leben als Erwachsener verläuft bei jedem Kind anders. Grundsätzlich finden in dieser Zeit jedoch sehr viele Veränderungen statt und es kommt gelegentlich zu Konflikten zwischen Eltern bzw. Betreuern und den Kindern. Das Selbstbewusstsein leidet hin und wieder, Kinder und Jugendliche vergleichen sich auf eine neue Art und Weise miteinander und bemerken, dass vieles immer wieder infrage gestellt wird. Wie werden aus starken Kindern nun starke Teenager?

Zwischen Neuorientierung und Selbstzweifeln

Die Kindheit ist eine Phase der Sicherheit. Die Eltern sorgen dafür, dass ein Kind sich auch in Krisenzeiten nicht bedroht fühlt und bieten im Idealfall stets einen stabilen Rückhalt. Dieser Rückhalt wird zwar auch später noch vorhanden sein, doch die Lebenswelt des Kindes verändert sich. Und es ist keineswegs so, dass Sie als Elternteil diese Veränderungen so miterleben dürfen, wie es im Kindesalter der Fall war. Leider werden Kinder oft umso verschlossener, je drängender Erwachsene daran teilhaben wollen. Wie können Sie als Elternteil, Familie oder Betreuer mit dieser Lebensphase umgehen?

1. Es gibt Gründe, stolz zu sein

Das Aussehen und der Körper werden immer wichtiger, doch diese Gedanken sollen keinen Teenager dominieren. Zudem ist das Erscheinungsbild nichts Dauerhaftes. Wenn Ihr Kind sich aufgrund seines Aussehens unwohl fühlt, sind eine Shopping-Tour oder Diät-Ratgeber wenig hilfreich. Auf welche Erfahrungen, Fähigkeiten und Erlebnisse können Sie stattdessen den Fokus legen?

2. Interesse zeigen

Viele Erlebnisse und Fragen werden nun lieber mit Freunden gleichen Alters geteilt als mit Erwachsenen. Das müssen Sie leider erst einmal akzeptieren. Allerdings heißt das nicht, dass Sie kein Interesse mehr zeigen sollen. Im Gegenteil: Ihr Kind verdient jeden Tag Ihre ungeteilte Aufmerksamkeit. Besuchen Sie es in seinem Zimmer, bereiten Sie gemeinsam und ungestört das Essen vor, gehen Sie spazieren - doch tun Sie es ungestört, ohne weitere Personen und ohne Ablenkung durch das Handy oder ähnliches.

3. Kleine Gesten

Zuneigung drückt jeder individuell aus. Umarmen Sie sich gegenseitig, bringen Sie dem Kind etwas mit, fragen Sie es nach seiner Meinung. Zeigen Sie Ihrem Kind auf Ihre eigene Weise, dass Sie an es denken und weiterhin an seinem Leben teilhaben wollen.

4. Vertrauen zulassen

Teenager müssen ihre Fähigkeiten erst einmal neu entdecken. Vertrauen Sie darauf, dass Ihrem Kind dies gelingen wird und lassen Sie es mehr Entscheidungen selbst treffen. Weisen Sie ruhig auf mögliche Konsequenzen jeder Art hin, aber vermeiden Sie unbedingt Vorwürfe.

5. Schwächen akzeptieren

Erinnern Sie sich gemeinsam immer wieder an Erfolge und gute Leistungen. Perfektion ist nicht real und Schwächen gehören zu jedem Menschen dazu, doch wir sollten auch weiterhin den Fokus auf die Dinge legen, die gut gelungen sind. Wo steht Ihr Kind gerade und was könnte der nächste Schritt sein? Wer an einer Schwäche arbeitet, kann darauf stolz sein, auch wenn später keine Stärke daraus wird.

6. Negativität entfernen

Das Unterbewusstsein nimmt viel mehr wahr als das Bewusstsein. Ist die Umgebung zu Hause positiv? Wie werden Träume oder Wünsche ausgedrückt? Gibt es Poster, Bilder oder ähnliches? Liegen negative Dinge wie offene Rechnungen oder Medikamente offen herum? Finden sich im häuslichen Umfeld motivierende Sprüche, schöne Erinnerungen, lächelnde Figuren oder Fotos von fröhlichen Menschen? Vielleicht möchten Sie mit Ihrem Kind zu Hause etwas neu gestalten oder mit einer zu betreuenden Gruppe den Gemeinschaftsraum verschönern?

Empathisch und sozial statt egoistisch und selbstverliebt

In einem gewissen Rahmen gehört ein rebellischer Egoismus auf dem Weg zum Erwachsenwerden leider dazu. Doch auch in dieser Phase bleiben Sie eine Familie und eine soziale Gruppe eine Gemeinschaft. Der Hang zum egoistischen und unsensiblen Verhalten entsteht bereits in der frühen Kindheit. Wenn Sie den Eindruck haben, dass ein Kind nur noch an sich denkt, dann kann es dafür unterschiedliche Ursachen geben. Wenn Sie diese kennen, wird das Verhalten des Kindes weniger rätselhaft. So kann es zum Beispiel sein, dass ihm häufig falsche Gefühle vorgespielt wurden. Denken Sie an sich selbst: Wie oft verleugnen Sie sich und sagen aus Reflex, dass alles in Ordnung ist und es Ihnen gut geht, auch wenn es nicht der Wahrheit entspricht? Ein kleines Kind kann auch spüren, dass Sie etwas enttäuscht oder verärgert. Wie sollte es sonst seine Handlungen mit einer Reaktion verknüpfen? Schließlich müssen sie im Laufe der Jahre erst lernen, wie Emotionen und Gefühle zu behandeln sind. In Kindergruppen fällt Ihnen zudem vielleicht auf, dass ein Kind nicht mit Enttäuschung umgehen kann. Eltern haben in diesem Fall möglicherweise konsequent alles Schlechte von ihrem Kind ferngehalten oder Geschenke als Ersatz für Trost und Zuwendung genutzt. Wer es gewöhnt ist, dass auch kaputte Dinge schnell ersetzt werden, kann mit dem Schmerz des Verlustes nicht umgehen. Ein selbstbewusstes Kind kann hingegen mit seinen eigenen Empfindungen ehrlich umgehen und hat Strategien entwickelt, die ihm bei der Verarbeitung helfen. Wie sollte es das unter den genannten Bedingungen gelernt haben? Darüber hinaus gilt es einen weiteren Faktor nicht zu unterschätzen: Sind die Eltern und Bezugspersonen für das Kind berechenbar oder nicht? Das familiäre Umfeld muss einen stabilen und sicheren Raum bieten. Wird das kindliche Verhalten für die Laune der Eltern verantwortlich gemacht, findet eine Umkehr der Hierarchie statt. Den Kindern wird dann eine Menge an Verantwortung auferlegt, die sie unmöglich tragen können. Auf diese Unklarheit reagieren sie selbst mit unberechenbarem Verhalten oder sogar Aggression. Doch nicht nur Eltern und Erwachsene sollen, dürfen und müssen Grenzen setzen, sondern auch Kinder. Sie entdecken ihre Persönlichkeit und unterscheiden zwischen sich und anderen. Diese Differenz gilt es zu akzeptieren. Was bedeutet das konkret? Wenn ein Kind einen Apfel nicht essen möchte, sollten Erwachsene diese eigene Entscheidung anerkennen. Wie sonst kann ein Kind verstehen, dass es selbst das Nein anderer respektieren soll? Sie stehen mit Ihrem Kind in einer Beziehung, für die zunächst vor allem Sie die Verantwortung tragen.

Kapitel 10

Schlussbemerkung

In den bisherigen neun Kapitel dieses Buches haben Sie verschiedene Dinge erfahren und gelernt. Wie entwickelt sich ein Kind und welche Erfahrungen macht es dabei? Wie lernt es seine Umwelt und seine eigene Persönlichkeit kennen? Welche Phasen sind zwar für Eltern und Betreuer anstrengend und mit vielen Fragezeichen verbunden, für das Kind aber sehr wichtig? In erster Linie geht es jedoch darum, dass Sie nicht nur etwas über den Prozess des Aufwachsens wissen, sondern auch adäquat reagieren können, um das Kind bestmöglich zu unterstützen. In jedem Kapitel finden Sie dazu wertvolle Tipps und Empfehlungen.

Ein zweiter und nicht minder wichtiger Schwerpunkt ist das Annehmen der eigenen Verantwortung. Es obliegt Ihnen als erwachsener Person, dem Kind oder den Kindern einen verlässlichen Handlungsrahmen zu bieten und einen Raum für eine gesunde Entwicklung zu schaffen. Wie Ihnen das gelingen kann, haben Sie in diesem Buch erfahren. Trauen Sie sich zu, engagiert und konsequent erzieherisch zu handeln.

Nun, am Ende dieses Buches, finden Sie noch einmal neun wichtige Punkte in einer kurzen Zusammenfassung. Diese Handlungsempfehlungen können Sie in Ihrem gemeinsamen Familienalltag oder Ihrer Arbeit mit Kindern jederzeit zur Hand nehmen.

1. Ein Kind benötigt Sicherheit und klare Orientierungen. Bieten Sie ihm einen Rahmen, in dem es sich eigenverantwortlich bewegen kann.

2. Eindeutige Kommunikation ohne Ironie und eine verständliche Ausdrucksweise helfen, Missverständnisse zu vermeiden. Sie drücken keine leeren Forderungen aus, sondern kommunizieren Grenzen.

3. Begegnen Sie sowohl sich als auch Ihrem Kind mit Respekt und Vertrauen. Beides drückt sich in ehrlichem Interesse und wertschätzender Kommunikation aus.

4. Loben und kritisieren Sie. Bleiben Sie dabei jedoch wertschätzend und sagen Sie dem Kind, worauf genau Sie sich beziehen.

5. Definieren Sie Ihre eigenen Normen und Werte und leben Sie diese konsequent. Kinder haben ein sehr feines Gespür dafür, wenn etwas nur dahingesagt wird.

6. Sie sind in der Rolle des Erwachsenen und das Kind bleibt in der Rolle des Kindes. Auch ein sehr enges Verhältnis darf nicht dazu führen, dass ein Kind Freunde oder Partner ersetzt.

7. Übertragen Sie dem Kind immer wieder Aufgaben, die sowohl einen Leistungsanreiz beinhalten als auch zu bewältigen sind. Kinder wachsen an Verantwortung und Erfolg.

8. Positives Denken und Optimismus helfen dem Kind dabei, ein gutes Bild von der Welt und sich selbst zu entwickeln. Ermutigen Sie es dazu, das Leben zu entdecken.

9. Seien Sie Vorbild. Ihr Kind wird zuerst das nachahmen, was Sie tun und zunächst sowohl Ihre Einstellung zum Leben als auch Ihre Werte übernehmen. Wenn Sie weiterhin lernen und sich entwickeln möchten, inspiriert das auch Ihr Kind.

HAFTUNGSAUSSCHLUSS

Die Inhalte dieses Buches wurden mit größter Sorgfalt erstellt. Für die Richtigkeit, Vollständigkeit und Aktualität der Inhalte können wir jedoch keine Gewähr übernehmen. Sie spiegeln die persönliche Meinung und Erfahrung des Autors wider. Der Autor übernimmt daher keine juristische Verantwortung oder Haftung für Schäden, die durch eventuelle Fehler oder kontraproduktive Ausübung durch den Leser entstehen. Dieses Buch ist eine Anleitung zu möglichen Erfolgsstrategien und keine Garantie für Erfolge. Der Autor übernimmt daher keine Verantwortung für das Nicht-Erreichen der im Buch beschriebenen Ziele. Dieses Buch enthält Links zu externen Webseiten Dritter, auf deren Inhalte wir keinen Einfluss haben. Deshalb können wir für diese fremden Inhalte auch keine Gewähr übernehmen. Für die Inhalte der verlinkten Seiten ist stets der jeweilige Anbieter oder Betreiber der Seiten verantwortlich. Die verlinkten Seiten wurden zum Zeitpunkt der Verlinkung auf mögliche Rechtsverstöße überprüft. Rechtswidrige Inhalte waren zum Zeitpunkt der Verlinkung nicht erkennbar. Eine permanente inhaltliche Kontrolle der verlinkten Seiten ist jedoch ohne konkrete Anhaltspunkte einer Rechtsverletzung nicht zumutbar. Bei Bekanntwerden von Rechtsverletzungen werden wir derartige Links umgehend entfernen.

1.Auflage 2017

Dominik Rohr

Dornbergstraße 19

81673 München

11682583R00052

Printed in Germany
by Amazon Distribution
GmbH, Leipzig